14,85 €

Littérature et pratique du français 3e

De l'analyse des textes à l'expression

Florence Benoit
Professeur certifié
au Collège Saint-Exupéry
à Meudon-La-Forêt

Catherine Eterstein
Professeur agrégé
au Lycée international
de Saint-Germain-en-Laye

Sylvie Dauvin
Professeur agrégé
au Lycée international
de Saint-Germain-en-Laye

HATIER

Table des illustrations

Édition : Claire Dupuis
Mise en pages : Nadine Grimaud et Monique Didier-Alessandrini

Sommaire

Avant-propos

Le petit manuel de Troisième a fait ses preuves. Utilisé en classe, complété par un livre de grammaire et des œuvres intégrales, il permet de répondre à tous les objectifs de la classe de français. Il se situe, grâce à cette **nouvelle édition**, dans la perspective des nouveaux programmes et permet de mieux préparer les épreuves du brevet des collèges.

Cette nouvelle édition :

– **conserve la structure de l'ouvrage** qui était déjà dans l'esprit des nouveaux programmes (décomposition des objectifs, leçons, exercices). Cette structure a rassuré les élèves, les parents qui souhaitent faire travailler leurs enfants et les enseignants qui y trouvent de nombreuses pratiques de classe ;

– propose **un choix important d'exercices ou de textes nouveaux** : une quarantaine de propositions permettent de nouvelles approches et évitent aux utilisateurs fidèles de tomber dans la routine ;

– consacre un nouveau chapitre à l'**étude de l'image**, qui est un langage au même titre que le texte, **et à ses fonctions** narrative, émotive, comique, suggestive, argumentative...

Les objectifs

L'ouvrage relève les principaux défis de l'enseignement du français en Troisième :

– permettre l'acquisition et la maîtrise des **outils d'analyse de texte** et d'image ;

– articuler **lecture et écriture** pour l'étude et la rédaction de textes narratifs ;

– initier au devoir de réflexion de type **argumentatif** ;

– fournir les premiers **éléments d'une culture** en confrontant les élèves à une grande variété de textes (œuves classiques, littérature pour la jeunesse, articles de journaux). Ce large éventail permet à l'enseignant de couvrir toute une année scolaire ;

– préparer aux différentes questions du **Brevet des collèges** ;

– amorcer la transmission vers la **classe de Seconde** et ses exigences particulières.

La composition

L'ouvrage comprend trois grandes parties :

- **Lire et expliquer un texte** propose des exercices de compréhension, de rédaction de paragraphes, d'analyse ou de création.
- **Rédiger un texte narratif** décline les différentes situations d'écriture narrative (suite de texte, changement de narrateur, etc.).
- **Rédiger un texte argumentatif** propose une méthode progressive et complète pour aborder les sujets de réflexion : compréhension du sujet, recherche des arguments, élaboration d'un plan, rédaction.

Comment utiliser l'ouvrage ?

Chaque chapitre propose à l'élève une démarche claire.

Lire et observer

Chaque chapitre s'ouvre sur un texte, choisi selon un objectif d'analyse ou de rédaction précis annoncé dans le titre du chapitre. Ce texte fait l'objet d'un **balisage** qui permet à l'élève de visualiser les éléments sur lesquels va porter son analyse. Il apprend ainsi à faire un relevé précis, en fonction de la question posée. C'est la première étape de tout travail d'analyse.

Repérer

Cette partie complète, si nécessaire, le balisage du texte.

Analyser et rédiger

Chaque chapitre de la première partie offre **un exemple de paragraphe rédigé** répondant à une question d'analyse de texte.
Les deuxième et troisième parties proposent des explications de procédés d'écriture spécifiques aux textes narratifs ou argumentatifs.

Retenir

Une **leçon courte** définit l'essentiel d'une notion ou présente une démarche méthodique. Chaque partie de cette leçon renvoie aux exercices d'application dont elle annonce les objectifs.

S'exercer et rédiger

Chaque chapitre propose de **nombreux exercices** construits, le plus souvent, à partir d'un texte dont ils étudient un aspect essentiel ou pour lequel ils suggèrent un prolongement narratif ou argumentatif. L'objectif de chaque exercice est précisé par un titre. Ces exercices comportent des activités d'observation, de transformation et de manipulation. Ils aboutissent fréquemment à un travail d'écriture qui va d'un simple paragraphe à une rédaction complète.

Annexes

Un **lexique** permet de retrouver la définition de toutes les notions étudiées.
Un **index** des auteurs permet des confrontations de textes et des groupements.

Véhicule d'une véritable culture, petit manuel de méthode, incitation à la lecture, à l'analyse des textes et à l'écriture, le livre permet de répondre aux questions des élèves et aux attentes de leurs enseignants.

Lire et expliquer un texte

CHAPITRE 1

Étudier les champs lexicaux

LIRE ET OBSERVER

Une maison monstrueuse

ÉMILE ZOLA, *L'Assommoir*.

C'est grand comme une caserne, là-dedans !

Gervaise haussait le menton, examinait la façade. Sur la rue, la maison avait cinq étages, alignant chacun à la file quinze fenêtres, dont les persiennes noires, aux lames cassées, donnaient un air de ruine à cet immense pan de muraille. En bas, quatre boutiques occupaient le rez-de-chaussée : à droite de la porte une vaste salle de gargote graisseuse ; à gauche, un charbonnier, un mercier et une marchande de parapluies. La maison paraissait d'autant plus colossale qu'elle s'élevait entre deux petites constructions basses, chétives, collées contre elle ; et, carrée, pareille à un bloc de mortier gâché grossièrement, se pourrissant et s'émiettant sous la pluie, elle profilait sur le ciel clair, au-dessus des toits voisins, son énorme cube brut, ses flancs non crépis, couleur de boue, d'une nudité interminable de murs de prison, où des rangées de pierres d'attente semblaient des mâchoires caduques, bâillant dans le vide. Mais Gervaise regardait surtout la porte, une immense porte ronde, s'élevant jusqu'au deuxième étage, creusant un porche profond, à l'autre bout duquel on voyait le coup de jour blafard d'une grande cour. Au milieu de ce porche, pavé comme la rue, un ruisseau coulait, roulant une eau rose très tendre.

« Entrez donc, dit Coupeau, on ne vous mangera pas. »

Repérer

Émile Zola décrit la maison dans laquelle l'héroïne de *L'Assommoir*, Gervaise, va passer la plus grande partie de sa vie. Elle est guidée par Coupeau dans cette impressionnante découverte. Les mots soulignés ou encadrés font apparaître les principaux aspects de cette maison.

Le champ lexical de la grandeur

Les mots soulignés en noir insistent sur la **taille gigantesque** de la maison.

Le champ lexical de la misère

Les mots soulignés en vert suggèrent la **misère** des lieux.

Le champ lexical de l'inachèvement

Les mots encadrés évoquent l'**aspect inachevé** de la bâtisse.

Analyser et rédiger

- On repère dans cette description trois **champs lexicaux** : le champ lexical de la grandeur, celui de la misère et celui de l'inachèvement. Ils laissent entrevoir les impressions de Gervaise au moment où elle découvre cette maison. On devine qu'elle est saisie par le caractère colossal de l'édifice, atterrée par la décrépitude des lieux et leur aspect d'abandon.
- À ces trois champs lexicaux principaux s'ajoutent les mots « flancs » (l. 12), « mâchoires » et le verbe « bâiller » (l. 14). Utilisés habituellement pour évoquer un être animé, ces mots suggèrent que la maison est devenue aux yeux de Gervaise une sorte de monstre prêt à l'avaler. Cette **métaphore** introduit un nouveau champ lexical, celui de la monstruosité, qui est un élément de dramatisation à la fin du texte. La remarque de Coupeau, « on ne vous mangera pas » (l. 20), prolonge efficacement cette métaphore en soulignant la peur grandissante de Gervaise.

RETENIR

1. Étudier un champ lexical, c'est relever tous les mots d'un texte se référant à un même domaine ou à une même notion.

➤ *Le champ lexical de la mer :*
vague, nager, océan, coquillage, plonger, maritime.

2. Plusieurs champs lexicaux peuvent se combiner dans un texte. Ce sont ces multiples combinaisons qui font la richesse d'un texte littéraire.

3. Étudier les champs lexicaux peut permettre de :
1. repérer et analyser le **thème principal** d'un texte ; EXERCICES 1 À 3
2. **caractériser** un personnage, un lieu, un sentiment, une époque ; EXERCICES 4 À 7
3. comprendre la **dimension métaphorique** d'un texte. EXERCICES 8 ET 9

S'EXERCER ET RÉDIGER

1 Repérer et analyser le thème principal d'un texte

Exercice 1

Repérer un champ lexical.

La promenade

La campagne brûlante bruissait de cris d'insectes. Le ciel était sinistre. D'énormes nuages lourds et livides l'avaient rempli : ils arrivaient de tous côtés comme un galop de cavalerie. Pas un souffle d'air. À peine un frisson qui faisait frémir par moments les petites feuilles des arbres.

Soudain un tourbillon de vent souleva la poussière, tordit les arbres et les fouetta furieusement. Une lumière aveuglante et brutale jaillit, le ciel mugit, la voûte des nuages gronda. En un instant, les promeneurs furent enveloppés par l'ouragan, affolés par les éclairs, assourdis par le tonnerre, trempés des pieds à la tête.

ROMAIN ROLLAND, D.R.

1. Quel est le champ lexical dominant dans ce texte ?

2. Relevez huit mots confirmant votre réponse.

Exercice 2

Distinguer des champs lexicaux.

La nuit

Alors je m'aperçus tout à coup que les becs de gaz étaient éteints. Je sais qu'on les supprime de bonne heure, avant le jour, en cette saison, par économie ; mais le jour était encore loin, si loin de paraître !

« Allons aux Halles, pensais-je, là au moins je trouverai la vie. » Je me mis en route, mais je n'y voyais même pas pour m'y conduire. J'avançais lentement, comme on fait dans un bois, reconnaissant les rues en les comptant.

Devant le Crédit Lyonnais, un chien grogna. Je tournai par la rue de Grammont, je me perdis ; j'errai puis je reconnus la Bourse aux grilles de fer qui l'entourent. Paris entier dormait d'un sommeil profond, effrayant. Au loin pourtant, un fiacre roulait, un seul fiacre, celui peut-être qui avait passé devant moi tout à l'heure. Je cherchais à le joindre, allant vers le bruit de ses roues, à travers les rues solitaires et noires, noires comme la mort.

Je me perdis encore. Où étais-je ? Quelle folie d'éteindre si tôt le gaz ! Pas un passant, pas un attardé, pas un rôdeur, pas un miaulement de chat amoureux. Rien.

Où donc étaient les sergents de la ville ? Je me dis : « Je vais crier, ils viendront. » Je criai.

GUY DE MAUPASSANT.

1. Dans ce texte le thème de la nuit est associé à ceux de l'obscurité, de l'errance et de la solitude. Relevez tous les mots qui appartiennent à ces champs lexicaux.

2. Écriture. Analysez, en vous appuyant sur l'étude des champs lexicaux, les impressions que le narrateur associe à l'évocation de la nuit *(10 lignes)*.

Exercice 3

Repérer et analyser un champ lexical.

L'eau

Ma mère, ça la prend tout à coup, vers la fin de l'après-midi, surtout à la saison sèche, elle fait laver la maison de fond en comble, pour nettoyer elle dit, pour assainir, rafraîchir. La maison est bâtie sur un terre-plein qui l'isole du jardin, des serpents, des scorpions, des fourmis rouges, des inondations du Mékong, de celles qui suivent les grandes tornades de la mousson. Cette élévation de la maison sur le sol permet de la laver à grands seaux d'eau, de la baigner tout entière comme un jardin. Toutes les chaises sont sur les tables, toute la maison ruisselle, le piano du petit salon a les pieds dans l'eau. L'eau descend par les perrons, envahit le préau vers les cuisines. Les petits boys sont très heureux, on est ensemble avec les petits boys, on s'asperge, et puis on savonne le sol avec du savon de Marseille. Tout le monde est pieds nus, la mère aussi. La mère rit. La mère n'a rien à dire contre rien. La maison tout entière embaume, elle a l'odeur délicieuse de la terre mouillée après l'orage, c'est une odeur qui rend fou de joie surtout quand elle est mélangée à l'autre odeur, celle du savon de Marseille, celle de la pureté, de l'honnêteté, celle du linge, celle de la blancheur, celle de notre mère, de l'immensité de la candeur de notre mère.

Marguerite Duras, *L'Amant*, éd. de Minuit.

1. Relevez les mots composant le champ lexical de l'eau dans ce texte.

2. Classez ces mots en deux ensembles afin de faire apparaître les deux façons dont l'eau est perçue par les personnages.

3. Écriture. Rédigez un paragraphe pour présenter vos analyses. Vous citerez les exemples les plus pertinents du texte.

2 Caractériser un personnage ou un lieu

Exercice 4

Caractériser un personnage grâce à un champ lexical.

La petite tante

Son travail achevé, elle égouttait le reste d'encre dans l'encrier, astiquait sa plume et l'enrubannait d'un carré de tissu afin que la pointe ne s'émousse pas contre le bois du plumier.

Elle ne voulait pas entendre parler de stylo à bille, dont l'apparition avait enthousiasmé papa, au point qu'il en faisait partout l'éloge. Il y avait vu une sorte de libération, le progrès secouant une fois de plus le joug de la servitude. Fini les stylos dont l'encre coulait dans la poche intérieure de ses vestes, tachait les manchettes de ses chemises. Les représentants de commerce, ces irrigateurs de la modernité, pariaient sur l'innovation. Il avait bien essayé de convaincre sa tante que c'était l'avenir, que bientôt même ses élèves l'emploieraient, qu'on avait bien abandonné la plume d'oie au profit de la plume métallique, laquelle n'avait d'ailleurs plus rien d'une plume, qu'il fallait vivre avec son temps. Mais la petite tante, qui estimait avoir fait et bien fait le sien, était restée sourde aux arguments de son neveu.

Incorruptible. Pour elle, le stylo à bille ouvrait une ère de décadence, l'abandon des pleins et des déliés et de là, elle le pressentait, des accords du participe passé et de la concordance des temps, des exceptions et des accents circonflexes, toutes ces beautés du verbe qui donnent le vertige et qu'elle enseignait à coups de formules magiques.

Jean Rouaud, *Les Champs d'honneur*, éd. de Minuit.

1. Relevez des mots appartenant au champ lexical du matériel de l'écriture.

2. Trouvez un autre champ lexical fortement représenté dans le texte.

3. Quelle est la profession de la « petite tante » du narrateur ?

Exercice 5

Caractériser un personnage en combinant des champs lexicaux.

Madame Loisel

Elle souffrait sans cesse, se sentant née pour toutes les délicatesses et tous les luxes. Elle souffrait de la pauvreté de son logement, de la misère des murs, de l'usure des sièges, de la laideur des étoffes. Toutes ces choses, dont une autre femme de sa caste ne se serait même pas aperçue, la torturaient et l'indignaient. La vue de la petite Bretonne qui faisait son humble ménage éveillait en elle des regrets désolés et des rêves éperdus. Elle songeait aux antichambres muettes, capitonnées[1] avec des tentures orientales, éclairées par de hautes torchères[2] de bronze, et aux deux grands valets en culotte courte qui dorment dans les larges fauteuils, assoupis par la chaleur lourde du calorifère[3]. Elle songeait aux grands salons vêtus de soie ancienne, aux meubles fins portant des bibelots inestimables, et aux petits salons coquets, parfumés, faits pour la causerie de cinq heures avec les amis les plus intimes, les hommes connus et recherchés dont toutes les femmes envient et désirent l'attention.

Guy de Maupassant « La Parure »,
Contes du jour et de la nuit.

1. Capitonné : recouvert d'une épaisseur confortable.
2. Torchère : flambeau.
3. Calorifère : appareil de chauffage.

1. Relevez dans ce texte les mots composant le champ lexical de la richesse et les mots composant celui de la pauvreté.

2. Que révèle du caractère du personnage la combinaison des deux champs lexicaux ?

3. Écriture. Relevez les mots appartenant au champ lexical de l'affectivité et montrez dans un paragraphe rédigé et organisé quelles sont les deux attitudes psychologiques qui caractérisent l'héroïne.

Exercice 6

Analyser un personnage en interprétant un champ lexical.

Iphis

Iphis voit à l'église un soulier d'une nouvelle mode ; il regarde le sien et en rougit ; il ne se croit plus habillé. Il était venu à la messe pour s'y montrer, et il se cache ; le voilà retenu par le pied dans sa chambre tout le reste du jour. Il a la main douce, et il l'entretient avec une pâte de senteur ; il a soin de rire pour montrer ses dents ; il fait la petite bouche[1], et il n'y a guère de moments où il ne veuille sourire ; il regarde ses jambes, il se voit au miroir ; l'on ne peut être plus content de personne qu'il l'est de lui-même ; il s'est acquis une voix claire et délicate, et heureusement il parle gras[2] ; il a un mouvement de tête, et je ne sais quel adoucissement dans les yeux, dont il n'oublie pas de s'embellir ; il a une démarche molle[3] et le plus joli maintien qu'il est capable de se procurer ; il met du rouge, mais rarement, il n'en fait pas habitude. Il est vrai aussi qu'il porte des chausses et un chapeau, et qu'il n'a ni boucles d'oreilles ni collier de perles ; aussi ne l'ai-je pas mis dans le chapitre des femmes.

Jean de La Bruyère, « De la mode »,
Les Caractères.

1. Faire la petite bouche : faire une moue maniérée.
2. Parler gras : avoir une prononciation affectée.
3. Démarche molle : démarche efféminée.

1. Relevez les mots appartenant au champ lexical du regard.

2. Dites quels adjectifs conviennent le mieux pour définir Iphis :
snob, avare, prétentieux, pédant, maniaque, artificiel, dandy, superficiel, mystique, coquet.

3. Écriture. Analysez la caractéristique principale d'Iphis. Vous utiliserez les réponses aux deux questions précédentes.

Exercice 7

Caractériser et décrire en exploitant un champ lexical.

Félicité

Elle se levait dès l'aube, pour ne pas manquer la messe, et travaillait jusqu'au soir sans interruption ; puis, le dîner étant fini, la vaisselle en ordre et la porte bien close, elle enfouissait la bûche sous les cendres et s'endormait devant l'âtre, son rosaire à la main. Personne, dans les marchandages, ne montrait plus d'entêtement. Quant à la propreté, le poli de ses casseroles faisait le désespoir des autres servantes. Économe, elle mangeait avec lenteur, et recueillait du doigt sur la table les miettes de son pain, – un pain de douze livres, cuit exprès pour elle, et qui durait vingt jours.

Gustave Flaubert, *Un cœur simple.*

1. Relevez deux mots qui appartiennent au champ lexical de la religion.

2. Quel est l'autre champ lexical dominant dans le texte ?

3. Quels sont donc les deux centres d'intérêt principaux de Félicité ?

4. Relevez dans la liste suivante les mots appartenant au champ lexical de la religion :

mystique, encens, ciboire, avarice, dévotion, admiration, prier, pieux, recueillement, attention, horaire, prière, culte, champ, fanatisme.

5. Écriture. Enrichissez ce champ lexical de cinq mots puis utilisez-le pour imaginer et décrire la chambre de Félicité.

3 Comprendre la dimension métaphorique d'un texte

EXERCICE 8

Étudier les connotations d'un champ lexical.

Une mer de légumes

C'était une mer. Elle s'étendait de la pointe Saint-Eustache à la rue des Halles, entre deux groupes de pavillons. Et, aux deux bouts, dans les deux carrefours, le flot grandissait encore, les légumes submergeaient les pavés. Le jour se levait lentement, d'un gris très doux, lavant toutes choses d'une teinte claire d'aquarelle. Ces tas moutonnants comme des flots pressés, ce fleuve de verdure qui semblait couler dans l'encaissement de la chaussée, pareil à la débâcle des pluies d'automne, prenaient des ombres délicates et perlées, des violets attendris, des roses teintés de lait, des verts noyés dans des jaunes, toutes les pâleurs qui font du ciel une soie changeante au lever du soleil (...).

ÉMILE ZOLA, *Le Ventre de Paris.*

1. Relevez les mots composant le champ lexical de l'eau.

2. Écriture. Quelles connotations ce champ lexical introduit-il dans la description du marché aux légumes ? Rédigez un paragraphe construit et appuyez-vous sur des exemples du texte.

EXERCICE 9

Comprendre la dimension métaphorique d'un texte combinant des champs lexicaux.

Aubignane et Panturle

Aubignane est collé contre le tranchant du plateau comme un petit nid de guêpes ; et c'est vrai, c'est là qu'ils ne sont plus que trois. Sous le village la pente coule, sans herbes. Presque en bas, il y a un peu de terre molle et le poil raide d'une pauvre oseraie[1]. Dessous, c'est un vallon étroit et un peu d'eau. C'est donc des maisons qu'on a bâties là, juste au bord, comme en équilibre, puis, au moment où ça a commencé à glisser sur la pente, on a planté, au milieu du village, le pieu du clocher et c'est resté tout accroché. Pas tout : il y a une maison qui s'est comme décollée, qui a coulé du haut en bas, toute seule, qui est venue s'arrêter, les quatre fers d'aplomb, au bord du ruisseau, à la fourche du ruisseau et de ce qu'ils appelaient la route, là, contre un cyprès.

C'est la maison de Panturle.

Le Panturle est un homme énorme. On dirait un morceau de bois qui marche. Au gros de l'été, quand il se fait un couvre-nuque avec des feuilles de figuier, qu'il a les mains pleines d'herbe et qu'il se redresse, les bras écartés, pour regarder la terre, c'est un arbre. Sa chemise pend en lambeaux comme une écorce. Il a une grande lèvre épaisse et difforme, comme un poivron rouge.

JEAN GIONO, *Regain,* éd. Grasset.

1. Oseraie : endroit planté d'osiers.

1. Dans le premier paragraphe, le narrateur décrit le village d'Aubignane et ses alentours. Relevez trois mots appartenant au champ lexical du monde animal.

2. En utilisant ce champ lexical, quel caractère l'auteur communique-t-il au paysage ?

3. Relevez, dans le deuxième paragraphe, sept mots appartenant au champ lexical de la nature mais décrivant Panturle.

4. Écriture. Rédigez un paragraphe expliquant les liens profonds qui unissent Panturle et Aubignane. Vous commenterez surtout l'utilisation des champs lexicaux.

CHAPITRE 2

Étudier les registres de langue

LIRE ET OBSERVER

Le prix des boutons

LOUIS PERGAUD, *La Guerre des boutons.*

Deux bandes d'enfants de villages voisins se sont déclaré la guerre. Ils veulent se procurer des boutons comme munitions.

Tintin compléta ses renseignements en confiant en outre que sa sœur Marie, la cantinière de l'armée, si on voulait bien, avait promis de lui confectionner un petit sac à coulisses comme ceux ousqu'on mettait les billes, pour y remiser et concentrer le trésor de guerre. Elle attendait seulement de voir la quantité que ça ferait, pour ne le faire ni trop grand ni trop petit.

On applaudit à cette offre généreuse et la Marie Tintin, bonne amie comme chacun savait du général Lebrac, fut acclamée cantinière d'honneur de l'armée de Longeverne. Camus annonça également que sa cousine, la Tavie des Planches, se joindrait aussi souvent que possible à la sœur de Tintin, et elle eut sa part dans le concert d'acclamations ; Bacaillé, toutefois, n'applaudit pas, il regarda même Camus de travers. Son attitude n'échappa point à la Crique le vigilant et à Tintin le comptable et ils se dirent qu'il devait y avoir du louche par là-dessous.

– Ce midi, fit Tintin, j'irai avec la Crique acheter le fourbi chez la mère Maillot.

– Va plutôt chez la Jullaude, conseilla Camus, elle est mieux assortie, qu'on dit.

– C'est tous des fripouilles et des voleurs, les commerçants, trancha, pour les mettre d'accord, Lebrac, qui semblait avoir, avec des idées générales, une certaine expérience de la vie ; prends-en, si tu veux, la moitié chez l'une, la moitié chez l'autre : on verra pour une autre fois ousqu'on est le moins étrillé.

– Vaudrait peut-être mieux acheter en gros, déclara Boulot, il y aurait plus d'avantages.

– Après tout, fais comme tu voudras, Tintin, t'es trésorier, arrange-toi, tu n'as qu'à montrer tes comptes quand tu auras fini : nous, on n'a pas à y fourrer le nez avant. ■

Repérer

Dans ce texte, le récit, pris en charge par le narrateur, alterne avec le dialogue, au cours duquel on laisse la parole aux personnages, des enfants qui jouent aux soldats. Le dialogue reproduit les caractéristiques principales de leur langage **familier**.

Les déformations phonétiques

Elles sont mises en évidence par les mots soulignés en noir.

Le lexique familier

Les mots encadrés appartiennent au lexique familier.

Les déformations syntaxiques

Elles sont signalées par les mots soulignés en vert :
– segmentation de la phrase : *C'est tous des fripouilles et des voleurs, les commerçants* ;
– omission du sujet : *Vaudrait peut-être mieux* ;
– répétition du sujet : *nous, on n'a pas à y fourrer le nez.*

Analyser et rédiger

- Dans ce texte, les niveaux de langue du récit et du dialogue appartiennent à des registres très différents. Le narrateur utilise dans le récit un **registre courant** qui s'oppose au **registre familier** de ses personnages.
Le registre familier se caractérise par des **déformations phonétiques**. Le mot « ousqu'on » (l. 3) transcrit graphiquement les déformations que subit la prononciation habituelle. Le narrateur emprunte certaines expressions au **lexique familier** ; ainsi, le mot « fourbi » (l. 15), qui désigne le bagage du soldat dans le langage des casernes, ou l'adjectif « étrillé » (l. 23), qui est employé ici de façon imagée pour désigner l'action d'avoir payé trop cher un article. Enfin, certaines **constructions** ne respectent pas les règles habituelles de la grammaire, telles que « Vaudrait peut-être mieux » (l. 24) ou « nous, on n'a pas à y fourrer le nez » (l. 27). La désignation des personnes par l'article défini (« la Marie », « la mère Maillot », « la Jullaude ») est une autre caractéristique de ce registre.
- On peut également remarquer que l'expression « il devait y avoir du louche par là-dessous » (l. 14) introduit le registre familier dans le récit. Cet emploi est justifié car il s'agit d'un discours rapporté au style indirect.
- En choisissant d'utiliser le registre de langue familier propre aux enfants, l'auteur recrée le climat de camaraderie de leurs jeux. Il établit une complicité plus grande avec son public de jeunes lecteurs, qui se reconnaît dans ce langage.

RETENIR

Étudier les registres de langue d'un texte consiste à :

1. identifier les registres utilisés.

On distingue habituellement les registres **familier**, **courant** et **soutenu** qui permettent d'exprimer le même contenu dans des situations de communication différentes.

➤ *Une fripouille (registre familier),*
un voleur (registre courant),
un escroc (registre soutenu).

EXERCICES 1 À 6

	Phonétique	Lexique et images	Syntaxe
Registre familier	• mots déformés	• mots familiers • expressions imagées	• phrases simples • constructions segmentées • négations omises • redoublement ou omission du sujet
Registre courant		• mots courants	• phrases simples et composées
Registre soutenu	• liaisons respectées	• mots rares ou anciens • vocabulaire abstrait • figures de style	• phrases complexes • utilisation du passé simple et du subjonctif imparfait

2. commenter l'effet de style produit par l'emploi d'un registre :

– il situe le personnage dans une région, une catégorie sociale ; EXERCICES 7 ET 8
– il donne au texte une certaine tonalité. EXERCICES 9 ET 10

S'EXERCER ET RÉDIGER

1 Identifier les registres de langue

Exercice 1

Distinguer registres courant et familier.

Trouvez le mot courant correspondant aux termes familiers suivants :

crécher, vachement, la flotte, crever, bouffer, se ramener, tomber dans les pommes, un canon, s'éclater, géant, une bagnole.

Exercice 2

Distinguer registres familier et soutenu.

Faites correspondre aux mots suivants, qui appartiennent au registre plus soutenu, leurs équivalents dans le registre familier de l'exercice précédent :

se divertir, sublime, parvenir, demeurer, une automobile, extrêmement, l'onde, trépasser, s'alimenter, une beauté, se pâmer.

Exercice 3

Changer de contexte, de registre, de sens.

Donnez pour chacun de ces mots un exemple d'utilisation dans le registre familier. Votre phrase doit permettre d'éclairer le nouveau sens du mot.

Ex. : une fraise : ramène ta fraise !

une brique, cuire, des clous, l'oseille, une salade, un bahut, un pion, le violon.

Exercice 4

Analyser la syntaxe du registre familier.

Donnez le sens de ces expressions familières en précisant à quoi renvoient les pronoms soulignés :

Ferme-la ! ; Il se la coule douce ; Il ne s'en fait pas ; Il s'en balance ; Il en connaît une bonne ; Il s'en met jusque là.

Exercice 5

Identifier les périphrases de langage soutenu.

Les « précieuses », dont Molière a dénoncé le langage excessivement sophistiqué, désignaient souvent les objets par une périphrase (expression imagée qui évite d'utiliser le nom courant de l'objet).

Faites correspondre à chaque périphrase le nom de l'objet qu'elle désigne :

1. le conseiller des grâces ;
2. les commodités de la conversation ;
3. l'ameublement de la bouche ;
4. le nourrisson des Muses ;
5. les trônes de la pudeur ;
6. la jeunesse des vieillards ;
7. le bain intérieur.

a) le poète ; b) les dents ; c) la perruque ; d) le miroir ; e) les joues ; f) le verre d'eau ; g) le fauteuil.

Exercice 6

Repérer les caractéristiques d'un registre de langue, parodier un style.

Dans la rue

– David, vingt-deux ! v'là ta mère…

Mme Zober sortait de chez Aaron, un paquet jaune de viande de boucherie à la main droite, une bouteille de limonade à la main gauche.

– Les poteaux, dit Olivier, faut planquer David, et moi aussi.

David et Olivier s'accroupirent contre le mur en cachant leur tête. Dans une mêlée, Capdeverre, Loulou, Tricot, Saint-Paul, Jack Schlack, Toudjourian, Riri firent à leurs camarades un rempart de leur corps. Ils culbutèrent bientôt les uns sur les autres en agitant bras et jambes, formant une pyramide mouvante d'où partaient cris et rires. Mme Zober pénétra dans le couloir du 73. Le danger écarté, le jeu n'en continua pas moins. Le calme revenu, David dit :

– Faudra quand même que je rentre.

Ils se trouvaient tous dans le même cas… Rue Lambert, le globe de l'*Hôtel de l'Allier* s'illumina.

– Alors, ça vient ! appela Mme Capdeverre de sa fenêtre.

– Olivier, Olivier, c'est l'heure… chantonna la jolie voix de Virginie.

– Ouste ! à la casba ! cria Mme Saint-Paul.

ROBERT SABATIER, *David et Olivier*, éd. Albin Michel.

1. Analysez les différentes caractéristiques du langage familier des personnages.

2. Écriture. Le style héroï-comique consiste à raconter en langage soutenu des événements plutôt ordinaires et quotidiens. Transposez ce récit et ce dialogue dans un registre soutenu afin d'obtenir cet effet.

2 Commenter et utiliser les registres de langue

EXERCICE 7

Définir des personnages par leurs registres de langue.

Aux champs

Mme d'Hubières, bourgeoise qui n'a jamais pu avoir d'enfants, veut en acheter un à des paysans.

« Mes braves gens, je viens vous trouver parce que je voudrais bien… je voudrais bien emmener avec moi votre… votre petit garçon… »

Les campagnards, stupéfaits et sans idée, ne répondirent pas.

Elle reprit haleine et continua.

« Nous n'avons pas d'enfants ; nous sommes seuls, mon mari et moi… Nous le garderions… voulez-vous ? »

La paysanne commençait à comprendre. Elle demanda :

« Vous voulez nous prend'e Charlot ? Ah ben non, pour sûr. »

Alors, M. d'Hubières intervint :

« Ma femme s'est mal expliquée. Nous voulons l'adopter, mais il reviendra vous voir. S'il tourne bien, comme tout porte à le croire, il sera notre héritier. Si nous avions, par hasard, des enfants, il partagerait également avec eux. Mais s'il ne répondait pas à nos soins, nous lui donnerions, à sa majorité, une somme de vingt mille francs, qui sera immédiatement déposée en son nom chez un notaire. Et, comme on a aussi pensé à vous, on vous servira jusqu'à votre mort une rente de cent francs par mois. Avez-vous bien compris ? »

La fermière s'était levée, toute furieuse.

« Vous voulez que j'vous vendions Charlot ? Ah ! mais non ; c'est pas des choses qu'on d'mande à une mère, ça ! Ah ! mais non ! Ce s'rait une abomination. »

L'homme ne disait rien, grave et réfléchi ; mais il approuvait sa femme d'un mouvement continu de la tête.

Mme d'Hubières, éperdue, se mit à pleurer, et, se tournant vers son mari, avec une voix pleine de sanglots, une voix d'enfant dont tous les désirs ordinaires sont satisfaits, elle balbutia :

« Ils ne veulent pas, Henri, ils ne veulent pas ! »

Alors ils firent une dernière tentative.

« Mais, mes amis, songez à l'avenir de votre enfant, à son bonheur, à… »

La paysanne, exaspérée, lui coupa la parole :

« C'est tout vu, c'est tout entendu, c'est tout réfléchi… Allez-vous en, et pi, que j'vous revoie point par ici. C'est-i permis d'vouloir prendre un éfant comme ça ! »

GUY DE MAUPASSANT, « Aux champs », *Contes de la bécasse.*

1. Relevez toutes les caractéristiques (phonétiques, lexicales, syntaxiques) qui permettent d'opposer le langage des d'Hubières et celui des paysans. À quels registres appartiennent-ils respectivement ?

2. Quel effet l'auteur tire-t-il de cette opposition ?

3. Écriture. Vous invitez un jour chez vous un camarade qui n'appartient pas au même milieu social que le vôtre. Écrivez le dialogue qui s'instaure entre cet adolescent, vos parents et vous-même. Vous insisterez sur l'opposition des registres de langue utilisés par chacun et analyserez les sentiments et impressions que vous avez éprouvés lors de cette rencontre.

Exercice 8

Identifier les registres de langue au théâtre.

Maître et valet

Dorante s'est introduit chez sa bien-aimée, Silvia, fille d'Orgon, en revêtant la livrée de son valet Arlequin, qui a pris l'habit de son maître. Silvia, de son côté, a endossé le costume d'une servante.

Scène VIII. – Dorante, Silvia, Arlequin.

Arlequin. – Ah ! te voilà, Bourguignon[1] ! Mon porte-manteaux et toi[2], avez-vous été bien reçus ?

Dorante. – Il n'était pas possible qu'on nous reçût mal, Monsieur.

Arlequin. – Un domestique là-bas m'a dit d'entrer ici, et qu'on allait avertir mon beau-père qui était avec ma femme.

Silvia. – Vous voulez dire monsieur Orgon et sa fille, sans doute, Monsieur !

Arlequin. – Eh ! oui, mon beau-père et ma femme, autant vaut. Je viens pour épouser[3], et ils m'attendent pour être mariés[4] ; cela est convenu ; il ne manque plus que la cérémonie, qui est une bagatelle.

Silvia. – C'est une bagatelle qui vaut bien la peine qu'on y pense.

Arlequin. – Oui ; mais quand on y a pensé, on n'y pense plus.

Silvia, *bas à Dorante*. – Bourguignon, on est homme de mérite à bon marché chez vous, ce me semble.

Arlequin. – Que dites-vous là à mon valet, la belle ?

Silvia. – Rien ; je lui dis seulement que je vais faire descendre monsieur Orgon.

Arlequin. – Et pourquoi ne pas dire mon beau-père[5], comme moi ?

Silvia. – C'est qu'il ne l'est pas encore.

Dorante. – Elle a raison, Monsieur ; le mariage n'est pas fait.

Arlequin. – Eh bien, me voilà pour le faire.

Dorante. – Attendez donc qu'il soit fait.

Arlequin. – Pardi ! voilà bien des façons pour un beau-père de la veille ou du lendemain.

Silvia. – En effet, quelle si grande différence y a-t-il entre être marié ou ne l'être pas ? Oui, Monsieur, nous avons tort, et je cours informer votre beau-père de votre arrivée.

Arlequin. – Et ma femme aussi, je vous prie. Mais avant que de partir, dites-moi une chose ; vous qui êtes si jolie, n'êtes-vous pas la soubrette de l'hôtel[6] ?

Silvia. – Vous l'avez dit.

Arlequin. – C'est fort bien fait ; je m'en réjouis. Croyez-vous que je plaise ici ? Comment me trouvez-vous ?

Silvia. – Je vous trouve… plaisant.

Arlequin. – Bon, tant mieux ! entretenez-vous dans ce sentiment-là ; il pourra trouver sa place.

Silvia. – Vous êtes bien modeste de vous en contenter. Mais je vous quitte ; il faut qu'on ait oublié d'avertir votre beau-père, car assurément il serait venu, et je vais le chercher.

Arlequin. – Dites-lui que je l'attends avec affection.

Silvia, *à part*. – Que le sort est bizarre ! aucun de ces deux hommes n'est à sa place.

Marivaux, *Le Jeu de l'amour et du hasard*, I, 8.

1. Bourguignon : Arlequin donne à son maître un nom de valet.
2. Arlequin affecte de traiter son valet avec mépris.
3. Emploi intransitif du verbe *épouser*.
4. Arlequin, au lieu d'appliquer le verbe *être marié* aux deux conjoints, l'associe au père et à la fille.
5. Beau-père : mot familier dans la bonne société.
6. Hôtel : maison privée.

1. Relevez dans les propos de Dorante et d'Arlequin quelques exemples qui permettent de définir le registre de langue utilisé par chacun.

2. Quel effet Marivaux tire-t-il de cette opposition ? Quelle signification a-t-elle précisément dans cette scène ?

3. Écriture. Mettez à votre tour en scène un snob ou un parvenu, qui aurait tous les signes extérieurs de l'élégance mais dont le langage trahirait une absence totale de raffinement ou d'éducation *(20 lignes)*.

Exercice 9

Transposer dans un autre registre.

La banlieue

En banlieue, c'est surtout par les tramways que la vie vous arrive le matin. Il en passait des pleins paquets avec des pleines bordées d'ahuris brinquebalant, dès le petit jour, par le boulevard Minotaure, qui descendaient vers le boulot.

Les jeunes semblaient même comme contents de s'y rendre au boulot. Ils accéléraient le trafic, se cramponnaient aux marchepieds, ces mignons, en rigolant. Faut voir ça. Mais quand on connaît depuis vingt ans la cabine téléphonique du bistrot, par exemple, si sale qu'on la prend toujours pour les chiottes, l'envie vous passe de plaisanter avec les choses sérieuses et avec Rancy en particulier. On se rend alors compte où qu'on vous a mis. Les maisons vous possèdent, toutes pisseuses qu'elles sont, plates façades, leur cœur est au propriétaire. Lui on le voit jamais. Il n'oserait pas se montrer. Il envoie son gérant, la vache. On dit pourtant dans le quartier qu'il est bien aimable le proprio quand on le rencontre. Ça n'engage à rien.

La lumière du ciel à Rancy, c'est la même qu'à Detroit, du jus de fumée qui trempe la plaine depuis Levallois. Un rebut de bâtisses tenues par des gadoues noires au sol. Les cheminées, des petites et des hautes, ça fait pareil de loin qu'au bord de la mer les gros piquets dans la vase. Là-dedans, c'est nous.

Louis-Ferdinand Céline,
Voyage au bout de la nuit, éd. Gallimard.

1. Repérez les expressions familières du texte.

2. Dans cette description de la banlieue, quel effet l'auteur tire-t-il de l'utilisation du registre familier ?

3. Écriture. Relevez les différents éléments de cette description puis transposez le texte en style soutenu. Imaginez par exemple qu'un conseiller municipal rédige un rapport sur le quartier *(20 lignes)*.

Exercice 10

Transfigurer le quotidien grâce au style soutenu.

La tisane

Si ma tante se sentait agitée, elle demandait sa tisane, et c'était moi qui étais chargé de faire tomber du sac de pharmacie dans une assiette la quantité de tilleul qu'il fallait mettre ensuite dans l'eau bouillante. Le dessèchement des tiges les avait incurvées en un capricieux treillage dans les entrelacs duquel s'ouvraient les fleurs pâles, comme si un peintre les eût arrangées, les eût fait poser de la façon la plus ornementale. Les feuilles ayant perdu leur aspect avaient l'air des choses les plus disparates, d'une aile transparente de mouche, de l'envers blanc d'une étiquette, d'un pétale de rose, mais qui eussent été empilées, concassées, ou tressées comme dans la confection d'un nid.

Marcel Proust, *Du côté de chez Swann*,

1. Quel est le thème principal de cet extrait ? Vous paraît-il banal, quotidien ou recherché ?

2. Marcel Proust met en valeur la beauté de la fleur de tilleul en recourant pour son récit à un registre soutenu. Relevez-en toutes les marques (lexique et images, syntaxe).

3. Écriture. Choisissez à votre tour un objet quotidien (savon, fumée, etc.) et donnez-lui une dimension poétique en le décrivant à la manière de Marcel Proust.

CHAPITRE 3 Étudier et exprimer des émotions

LIRE ET OBSERVER

Sensation

Arthur Rimbaud, *Poésies.*

Par les soirs bleus d'été, j'irai dans les sentiers,
Picoté par les blés, fouler l'herbe menue :
Rêveur, j'en sentirai la fraîcheur à mes pieds.
Je laisserai le vent baigner ma tête nue.

Je ne parlerai pas, je ne penserai rien :
Mais l'amour infini me montera dans l'âme,
Et j'irai loin, bien loin, comme un bohémien,
Par la Nature, – heureux comme avec une femme. ■

Repérer

Arthur Rimbaud évoque dans son poème « Sensation » le bonheur sensuel de vagabonder, par les soirs d'été, dans la campagne.
L'examen des champs lexicaux et de l'écriture poétique permet de dégager le sens du poème.

Les champs lexicaux

Le champ lexical des **sensations** tactiles et visuelles est mis en évidence par les expressions soulignées en noir.
Le champ lexical du mouvement, qui contribue à l'**impression** de liberté, est souligné en vert.
Le champ lexical de l'amour, qui suggère un **sentiment** de bonheur, est encadré.

Le rythme et les images

L'écriture poétique est caractérisée par :
– la régularité du rythme des vers ;
– la douceur des sonorités (allitérations en *s* et en *l* : *les soirs bleus*) ;
– les images : la nature est personnifiée à travers une comparaison : *heureux comme avec une femme.*

Analyser et rédiger

- L'étude du poème « Sensation » permet d'y découvrir une progression : le simple plaisir d'une promenade dans la nature se transforme peu à peu en sentiment amoureux.
- Une impression d'**harmonie du poète avec la nature** domine la première strophe. Celle-ci se manifeste par toute une série de sensations visuelles (« les soirs bleus d'été », « les blés », qui évoquent la couleur jaune), mais surtout tactiles (le titre, « Sensation », « picoté », « fouler », « j'en sentirai la fraîcheur », « baigner ma tête nue »).
Ces sensations s'accompagnent d'une impression de mouvement sans entraves suggéré par la répétition de l'adjectif « loin » (v. 7) et par la comparaison avec le bohémien, éternel voyageur.
- Dans la deuxième strophe, cette impression d'harmonie prend une **dimension symbolique**. La Nature (avec un N majuscule) est personnifiée et devient source d'« amour infini » (v. 6). Ainsi, l'agréable vagabondage est l'image de la relation amoureuse entre un homme et une femme.

R E T E N I R

Lire permet d'éprouver par l'intermédiaire de personnages et de leurs aventures une gamme extrêmement riche d'émotions que l'on peut vous demander d'étudier dans un texte ; aussi faut-il maîtriser ce vocabulaire.
Par ailleurs, vous pouvez être amené à exprimer vos propres impressions de lecture.

1. Maîtriser le vocabulaire des émotions

Sensations, impressions et sentiments ne sont pas des mots interchangeables.
Une **sensation** est une émotion immédiate de courte durée et le plus souvent d'ordre physique. (➤ *Une sensation de fraîcheur.)* Cette notion se fonde sur les cinq sens humains. Il est souvent intéressant pour interpréter un texte de relever les sensations visuelles, auditives, olfactives, tactiles et gustatives dont la combinaison constitue l'univers sensoriel du texte.
Une **impression** est souvent fugitive, alors qu'un **sentiment** est plus stable, durable. (➤ *Une impression de mouvement, un sentiment de bonheur.)*

EXERCICES 1 À 3

2. Objectivité ou subjectivité d'un texte

Lorsque les émotions sont absentes d'un texte, on parle de son **objectivité**.
Lorsque le narrateur exprime ses émotions ou celles d'un personnage, on parle de la **subjectivité** du texte. Elle peut s'exprimer par :
– des marques d'énonciation (➤ *pronoms personnels, vocabulaire appréciatif*) ;
– des types de phrases (➤ *exclamatives, interrogatives, impératives*) ;
– le champ lexical des sensations et des sentiments.

EXERCICES 4 À 6

3. Donner ses impressions de lecture

Évoquer ses impressions de lecture revient à analyser les procédés d'écriture par lesquels un auteur crée des émotions chez un lecteur.

EXERCICES 7 ET 8

S'EXERCER ET RÉDIGER

1 Le vocabulaire des émotions

Exercice 1

Distinguer sensation, impression et sentiment.

La solennité des trois coups frappés sur la scène et suivis d'un profond silence m'émut. Le lever du rideau fut vraiment pour moi le passage d'un monde à l'autre.

Anatole France.

Il foule la moquette profonde aux couleurs claires. On s'y enfonce avec douceur. Puis il gagne le bureau et se laisse aller avec un soupir d'aise dans un fauteuil confortable.

Pierre Le Révérend.

Tous les ans elle revenait, passait devant lui sans oser le saluer et sans qu'il daignât même tourner les yeux vers elle. Elle l'aimait éperdument.

Guy de Maupassant.

L'homme doit vivre seul. Aimer c'est s'abdiquer. Haïr, c'est s'affirmer. Je suis, je vis, j'attaque, je détruis. Je pense, donc je contredis.

Hervé Bazin.

À trois heures et demie, tout dormait dans un bleu originel, humide et confus et quand je descendais le chemin de sable, le brouillard retenu par son poids baignait d'abord mes jambes, puis mon petit torse bien fait, atteignant mes lèvres, mes oreilles et mes narines plus sensibles que tout le reste de mon corps.

Colette.

Un écureuil effarouché détala avec des cris pointus. Et tout autour, ce qui semblait à Évariste le souffle d'un infini mystère, la forêt qui respirait de tous ses poumons de feuillage.

Christian Charrière.

Nommez la sensation, l'impression ou le sentiment précis qu'évoque pour vous chacun de ces extraits.

Exercice 2

Identifier les émotions des personnages.

Le bain

Ils se déshabillèrent. Rieux plongea le premier. Froides d'abord, les eaux parurent tièdes quand il remonta. Au bout de quelques brasses, il savait que la mer, ce soir-là, était tiède, de la tiédeur des mers d'automne qui reprennent à la terre la chaleur emmagasinée pendant de longs mois. Il nageait régulièrement. Le battement de ses pieds laissait derrière lui un bouillonnement d'écume ; l'eau fuyait le long de ses bras pour se coller à ses jambes. Un lourd clapotement lui apprit que Tarrou avait plongé. Rieux se mit sur le dos et se tint immobile, face au ciel renversé, plein de lune et d'étoiles. Il respira longuement. Puis il perçut de plus en plus distinctement un bruit d'eau battue, étrangement clair dans le silence et la solitude de la nuit. Tarrou se rapprochait. (...) Rieux se retourna, se mit au niveau de son ami, et nagea dans le même rythme. Tarrou avançait avec plus de puissance que lui et il dut précipiter son allure. Pendant quelques minutes, ils avancèrent avec la même cadence et la même vigueur, solitaires, loin du monde, libérés enfin de la ville et de la peste.

Albert Camus, *La Peste*, éd. Gallimard.

1. Relevez les différentes sensations éprouvées par Rieux au cours de sa baignade. Classez-les en trois groupes : sensations tactiles, auditives et visuelles.

2. Choisissez parmi les termes suivants ceux qui vous permettent de regrouper ces sensations.
calme, fraîcheur, bien-être, chaleur, espace, obscurité.

3. Écriture. Présentez les sensations éprouvées par Rieux dans un paragraphe organisé et illustré par des mots ou expressions du texte *(10 lignes)*.

4. Le bonheur de la nage est évoqué par une impression de mouvement. Relevez tous les mots ou expressions qui l'illustrent. Quel est le rythme de ce mouvement ?

5. Quel sentiment unit les deux hommes ? Trouvez deux autres sentiments suggérés dans ce texte.

6. Quelle est la valeur symbolique de ce bain ?

7. Écriture. Rédigez un court texte mettant en scène un personnage qui déteste nager. Décrivez ses sensations, ses impressions et ses sentiments *(10 lignes)*.

EXERCICE 3

Analyser la succession des émotions.

Une leçon de courage

M. Lambercier met à l'épreuve le narrateur.

Un soir d'automne qu'il faisait très obscur, il me donna la clef du temple, et me dit d'aller chercher dans la chaire[1] la Bible qu'on y avait laissée. Il ajouta, pour me piquer d'honneur, quelques mots qui me mirent dans l'impuissance de reculer.

Je partis sans lumière ; si j'en avais eu, ç'aurait peut-être été pis encore. Il fallait passer par le cimetière ; je le traversai gaillardement ; car, tant que je me sentais en plein air, je n'eus jamais de frayeurs nocturnes.

En ouvrant la porte, j'entendis à la voûte un certain retentissement que je crus ressembler à des voix et qui commença d'ébranler ma fermeté romaine[2]. La porte ouverte, je voulais entrer ; mais à peine eus-je fait quelques pas que je m'arrêtai. En apercevant l'obscurité profonde qui régnait dans ce vaste lieu, je fus saisi d'une terreur qui me fit dresser les cheveux ; je rétrograde, je sors, je me mets à fuir tout tremblant. (...) Honteux de ma frayeur, je revins sur mes pas (...). Je franchis brusquement la porte, j'entre dans l'église. À peine fus-je rentré que la frayeur me reprit, mais si fortement que je perdis la tête ; et, quoique la chaire fût à droite et que je le susse très bien, ayant tourné sans m'en apercevoir, je la cherchai longtemps à gauche, je m'embarrassai dans les bancs, je ne savais plus où j'étais, et, ne pouvant trouver ni la chaire ni la porte, je viens à bout de sortir du temple, et je m'en éloigne comme la première fois, bien résolu de n'y jamais rentrer seul qu'en plein jour.

Je reviens jusqu'à la maison. Prêt à entrer, je distingue la voix de M. Lambercier à de grands éclats de rire. Je les prends pour moi d'avance, et, confus de m'y voir exposé, j'hésite à ouvrir la porte. Dans cet intervalle, j'entends Mlle Lambercier s'inquiéter de moi, dire à la servante de prendre la lanterne, et M. Lambercier se disposer à me venir chercher, escorté de mon intrépide cousin, auquel ensuite on n'aurait pas manqué de faire tout l'honneur de l'expédition. À l'instant, toutes mes frayeurs cessent et ne me laissent que celles d'être surpris dans ma fuite ; je cours, je vole au temple ; sans m'égarer, sans tâtonner, j'arrive à la chaire ; j'y monte, je prends la Bible, je m'élance en bas ; dans trois sauts, je suis hors du temple, dont j'oubliai même de fermer la porte ; j'entre dans la chambre, hors d'haleine, je jette la Bible sur la table.

JEAN-JACQUES ROUSSEAU, *L'Émile.*

1. Tribune d'où le pasteur s'adresse aux fidèles.
2. Les Romains étaient connus pour leur courage.

1. Quel sentiment pousse le narrateur à accomplir jusqu'au bout sa mission ? Relevez trois exemples qui justifient votre réponse.

2. Trouvez deux expressions qui prouvent que le narrateur est capable de courage. Donnez trois synonymes du mot *courage* qui n'apparaissent pas dans le texte.

3. Citez des exemples de manifestation de la peur dans le texte.

4. Observez la construction des phrases dans les lignes 23 à 34. Expliquez comment l'auteur communique l'impression d'égarement de l'enfant.

5. Écriture. Évoquez une situation dans laquelle vous avez été conduit à agir, poussé par votre amour-propre. Vous analyserez vos sentiments et impressions.

2 Objectivité et subjectivité d'un texte

Exercice 4

Repérer l'émotion dans les marques de l'énonciation.

La bague au doigt

Alphonse, le jour de son mariage, a passé la bague destinée à sa fiancée au doigt d'une statue antique de Vénus que certains disent maléfique. Le soir du mariage il essaie, en vain, de récupérer la bague.

M. Alphonse me tira dans l'embrasure d'une fenêtre, et me dit en détournant les yeux :

« Vous allez vous moquer de moi… Mais je ne sais ce que j'ai… je suis ensorcelé ! le diable m'emporte !… »

Il avait la voix entrecoupée. Je le crus tout à fait ivre.

« Vous savez bien, mon anneau ? poursuivit-il après un silence.

– Eh bien ! on l'a pris ?

– Non.

– En ce cas, vous l'avez ?

– Non… je… je ne puis l'ôter du doigt de cette diable de Vénus !

– Bon ! vous n'avez pas tiré assez fort.

– Si fait… Mais la Vénus… elle a serré le doigt. »

Il me regardait fixement d'un air hagard, s'appuyant à l'espagnolette pour ne pas tomber.

« Quel conte ! lui dis-je. Vous avez trop enfoncé l'anneau. Demain vous l'aurez avec des tenailles. Mais prenez garde de gâter la statue.

– Non, vous dis-je. Le doigt de la Vénus est retiré, reployé ; elle serre la main, m'entendez-vous ? C'est ma femme apparemment, puisque je lui ai donné mon anneau… Elle ne veut plus le rendre. »

J'éprouvai un frisson subit et j'eus un instant la chair de poule. Puis, un grand soupir qu'il fit m'envoya une bouffée de vin, et toute émotion disparut.

Le misérable, pensai-je, est complètement ivre.

« Vous êtes antiquaire, monsieur, ajouta le marié d'un ton lamentable ; vous connaissez ces statues-là… il y a peut-être quelque ressort, quelque diablerie, que je ne connais point… Si vous alliez voir ?

– Volontiers, dis-je. Venez avec moi.

– Non, j'aime mieux que vous y alliez seul. »

Je sortis du salon.

Prosper Mérimée, *La Vénus d'Ille.*

1. Par quels procédés l'auteur évoque-t-il l'émotion d'Alphonse ? Pour répondre, étudiez les signes de ponctuation, la construction des phrases, le vocabulaire.

2. Caractérisez d'un mot l'état psychologique d'Alphonse dans cet épisode.

3. Relevez les expressions qui indiquent les attitudes et gestes d'Alphonse. Que déduit le narrateur de ce comportement ? Quel jugement porte-t-il sur le jeune marié ?

4. Écriture. Rédigez un paragraphe ordonné dans lequel vous expliquerez par quels procédés Prosper Mérimée montre l'émotion d'Alphonse.

Exercice 5

Transposer un texte objectif en un texte subjectif.

Le mille-pattes

La porte de l'office est fermée. Entre elle et l'ouverture béante du couloir, il y a le mille-pattes. Il est gigantesque : un des plus gros qui puissent se rencontrer sous ces climats. Ses antennes allongées, ses pattes immenses étalées autour du corps, il couvre presque la surface d'une assiette ordinaire. L'ombre des divers appendices double sur la peinture mate leur ombre déjà considérable. (…)

Franck, sans dire un mot, se relève, prend sa serviette ; il la roule en bouchon, tout en s'approchant à pas feutrés, écrase la bête contre le mur. Puis, avec le pied, il écrase la bête sur le plancher de la chambre. Ensuite, il revient vers le lit et remet au passage la serviette de toilette sur sa tige métallique, près du lavabo.

Alain Robbe-Grillet, *La Jalousie,* éd. de Minuit.

1. Résumez en quatre phrases les quatre actions principales de ce texte.

2. À quelle personne le narrateur s'exprime-t-il ? Est-il présent ou absent du texte ? Connaît-on ses opinions, ses émotions ? Quel temps utilise-t-il pour raconter l'histoire ?

3. Nommez le personnage. Connaît-on ses émotions, ses actions, ses réflexions ? Justifiez votre réponse en citant le texte.

4. Relevez les adjectifs qualificatifs contenus dans le texte. Quelle est leur fonction : informer, créer une émotion, donner de la couleur ?

5. **Écriture.** Transposez ce texte d'un point de vue subjectif *(15 lignes)*. Choisissez auparavant l'émotion que vous voulez exprimer (peur, horreur, angoisse ou dégoût). Vous commencerez de la façon suivante : *Soudain, j'aperçus, venant du couloir, un gigantesque mille-pattes…*

EXERCICE 6

Transposer un texte subjectif en un texte objectif.

L'intervention chirurgicale

Âgé de cinq ou six ans, je fus victime d'une agression. Je veux dire que je subis dans la gorge une opération qui consista à m'enlever des végétations ; l'intervention eut lieu d'une manière très brutale, sans que je fusse anesthésié. Mes parents avaient d'abord commis la faute de m'emmener chez le chirurgien sans me dire où ils me conduisaient. Si mes souvenirs sont justes, je m'imaginais que nous allions au cirque ; j'étais donc très loin de prévoir le tour sinistre que me réservaient le vieux médecin de la famille, qui assistait le chirurgien, et ce dernier lui-même. Cela se déroula, point pour point, ainsi qu'un coup monté et j'eus le sentiment qu'on m'avait attiré dans un abominable guet-apens.

Voici comment les choses se passèrent : laissant mes parents dans le salon d'attente, le vieux médecin m'amena jusqu'au chirurgien, qui se tenait dans une autre pièce en grande barbe noire et blanche (telle est, du moins, l'image d'ogre que j'en ai gardée), j'aperçus des instruments tranchants et, sans doute, eus-je l'air effrayé car, me prenant sur ses genoux, le vieux médecin dit pour me rassurer : « Viens, mon petit coco. On va jouer à faire la cuisine. » À partir de ce moment je ne me souviens plus de rien, sinon de l'attaque soudaine du chirurgien qui plongea un outil dans ma gorge, de la douleur que je ressentis et du cri de bête qu'on éventre que je poussai. Ma mère, qui m'entendit d'à côté, fut effarée.

MICHEL LEIRIS, *L'Âge d'homme*, éd. Gallimard.

1. Relevez, dans les deux premières phrases du texte, le mot subjectif puis le mot objectif qui désignent l'intervention chirurgicale.

2. Relevez dans le premier paragraphe deux autres expressions subjectives qui désignent cette intervention. Qu'indiquent-elles sur les sentiments de l'enfant ?

3. Relevez dans le texte quatre termes hyperboliques. Quelle est leur fonction ?

4. Que reproche principalement l'enfant aux adultes : leur cruauté, leur indifférence, leur hypocrisie ou leur maladresse ? Justifiez votre réponse.

5. Quelle est la tonalité de ce texte ? Choisissez deux réponses dans la liste suivante et justifiez-les :
tragique, pathétique, ironique, comique, dramatique, humoristique, épique.

6. **Écriture.** Résumez cette anecdote de façon objective en en supprimant tous les éléments subjectifs.

3 Impressions de lecture

EXERCICE 7

Analyser les impressions suggérées par l'auteur.

Au front

Brusquement, devant nous, sur toute la largeur de la descente, de sombres flammes s'élancent en frappant l'air de détonations épouvantables. En ligne, de gauche à droite, des fusants sortent du ciel, des explosifs sortent de la terre. C'est un effroyable rideau qui nous sépare du monde, nous sépare du passé et de l'avenir. On s'arrête, plantés au sol, stupéfiés par la nuée soudaine qui tonne de toutes parts ; puis un effort simultané soulève notre masse et la rejette en avant, très vite. On trébuche, on se retient les uns aux autres, dans de grands flots de fumée. On voit, avec de stridents fracas et des cyclones de terre pulvérisée, vers le fond où nous nous précipitons pêle-mêle, s'ouvrir des cratères, çà et là, à côté les uns des autres, les uns dans les autres. Puis on ne sait plus où tombent les décharges. Des rafales se déchaînent si monstrueusement retentissantes qu'on se sent annihilé par le seul bruit de ces averses de tonnerre, de ces grandes étoiles de débris qui se forment en l'air. On voit, on sent passer près de sa tête des éclats avec leur cri de fer rouge dans l'eau.

Henri Barbusse, *Le Feu*,
éd. Flammarion.

1. Quelle expérience le narrateur évoque-t-il dans ce journal ?

2. Relevez toutes les sensations visuelles, auditives, tactiles éprouvées par les soldats.

3. Par quels pronoms personnels le narrateur désigne-t-il successivement ses compagnons d'armes ?

Sur quelles impressions ces pronoms permettent-ils d'insister ?

4. Par quels procédés de style l'auteur crée-t-il l'impression de chaos et de confusion (association de mots, métaphores, adverbes de lieu, construction de phrases) ?

5. Une impression est éprouvée par un lecteur mais évoquée par un texte.
Classez les verbes suivants en deux groupes, selon qu'ils peuvent avoir pour sujet le lecteur ou le texte :
être sensible à, donner l'impression de, ressentir, provoquer, susciter, déceler, avoir l'impression de, éveiller, suggérer, évoquer.

6. Écriture. Rédigez un paragraphe ordonné pour exprimer vos impressions de lecture sur ce texte.

Exercice 8

Interpréter un texte pour en dégager une impression personnelle.

Le coupeur d'eau

Devant leur maison, très près, passait cette ligne du T.G.V. C'étaient des gens qui ne pouvaient pas payer leur note de gaz, ni d'électricité, ni d'eau. Ils vivaient dans une grande pauvreté. Et un jour, un homme est venu pour couper l'eau dans la gare qu'ils habitaient. Il a vu la femme, silencieuse. Le mari n'était pas là. La femme un peu arriérée avec un enfant de quatre ans et un petit enfant d'un an et demi. L'employé était apparemment un homme comme tous les hommes. Cet homme je l'ai appelé le Coupeur d'eau. Il a vu que c'était le plein été. Il savait que c'était un été très chaud puisqu'il le vivait. Il a vu l'enfant d'un an et demi. On lui avait ordonné de couper l'eau, il l'a fait. Il a respecté son emploi du temps : il a coupé l'eau. Il a laissé la femme sans eau aucune pour baigner les enfants, pour leur donner à boire.

Marguerite Duras, « Le Coupeur d'eau »,
La Vie matérielle, éd. POL.

1. Résumez, en une phrase, l'événement qui est à l'origine de ce récit.

2. Supprimez de la liste suivante les mots qui ne peuvent s'appliquer à aucun des personnages. Classez les mots restants en deux groupes, selon qu'ils se rapportent à la jeune femme ou au coupeur d'eau :
impuissance, conscience professionnelle, indépendance, sécheresse de cœur, routine, sympathie, révolte, désespoir, indifférence, compassion, fatalisme.

3. Caractérisez l'attitude des personnages en choisissant au moins deux mots dans chaque groupe. Justifiez votre choix.

4. Pourquoi, à votre avis, Marguerite Duras a-t-elle choisi de raconter ce fait divers de façon objective ? Justifiez votre réponse.

5. Écriture. Quelles sont vos impressions à la lecture de ce texte ? Répondez par un paragraphe pour chaque impression que vous justifierez par des citations.

CHAPITRE

4 *Repérer et exprimer une opinion*

LIRE ET OBSERVER

La bombe d'Hiroshima

ALBERT CAMUS,
extrait d'un article publié dans *Combat*, le 8 août 1945.

*L*e monde est ce qu'il est, c'est-à-dire peu de chose. C'est ce que chacun sait depuis hier grâce au formidable concert que la radio, les journaux et les agences d'information viennent de déclencher au sujet de la bombe atomique. On nous apprend en effet, au milieu d'une foule de commentaires enthousiastes, que n'importe quelle ville d'importance moyenne peut être totalement rasée par une bombe de la grosseur d'un ballon de football. Des journaux américains, anglais et français se répandent en dissertations élégantes sur l'avenir, le passé, les inventeurs, le coût, la vocation pacifique et les effets guerriers, les conséquences politiques et même le caractère indépendant de la bombe atomique. Nous nous résumerons en une phrase : la civilisation mécanique vient de parvenir à son dernier degré de sauvagerie. Il va falloir choisir, dans un avenir plus ou moins proche, entre le suicide collectif ou l'utilisation intelligente des conquêtes scientifiques.

En attendant, il est permis de penser qu'il y a quelque indécence à célébrer ainsi une découverte qui se met d'abord au service de la plus formidable rage de destruction dont l'homme ait fait preuve depuis des siècles. Que dans un monde livré à tous les déchirements de la violence, incapable d'aucun contrôle, indifférent à la justice et au simple bonheur des hommes, la science se consacre au meurtre organisé, personne sans doute, à moins d'idéalisme impénitent, ne songera à s'en étonner. ■

Repérer

Dans cet article, publié deux jours après l'explosion de la bombe atomique sur Hiroshima, Albert Camus cherche à mobiliser l'opinion publique en exprimant clairement son indignation. Il veut faire réfléchir le lecteur sur la gravité de l'événement et sur la légèreté avec laquelle la presse en a parlé. Le texte porte donc les **marques de la présence de son auteur.**

Les marques temporelles

Encadrées en vert, elles précisent le temps de l'écriture.

Les marques personnelles

Encadrées en noir, elles se répartissent ainsi :
– **pronoms de la première personne** : *nous* (l. 11) montre **l'écrivain** au travail sur son texte ; *nous* (l. 4) associe l'auteur et les **lecteurs** également victimes des décisions prises par les gouvernements irresponsables ;
– **pronoms de la troisième personne** : *chacun, personne* désignent l'opinion publique que Camus veut mobiliser ; *on* fait référence aux **destinataires** de cet appel, responsables de l'information et dirigeants politiques.

Les marques du jugement de l'auteur

La désapprobation de Camus s'exprime à travers :
– une série de **termes péjoratifs** soulignés en noir ;
– l'emploi ironique de **termes mélioratifs** soulignés en vert ;
– des **expressions hyperboliques** sur fond gris.

Analyser et rédiger

- Les marques de la présence du locuteur sont nombreuses dans cet article. Les références temporelles (« hier ») ou personnelles (« nous », « chacun ») sont autant de moyens d'impliquer le lecteur dans la réflexion. L'opposition lexicale entre des termes péjoratifs tels que « sauvagerie », « indécence », et des termes mélioratifs comme « formidable concert », « commentaires enthousiastes », souligne l'opposition de deux points de vues.
Les « dissertations élégantes » des journalistes apparaissent totalement déplacées pour annoncer ce « suicide collectif ».
- Camus prend donc clairement position pour exprimer sa révolte.

RETENIR

Dans un texte propre à exprimer une **opinion**, le locuteur peut manifester sa **présence** en utilisant :

1. des **marques temporelles et spatiales** (➤ *adverbes et temps verbaux)* qui renvoient au moment et au lieu auxquels le texte a été produit ; EXERCICE 1

2. des **marques personnelles** (➤ *pronoms personnels ou indéfinis)* qui font référence au locuteur et au destinataire ; EXERCICES 2 À 4

3. un **lexique appréciatif** exprimant son jugement :
– le lexique péjoratif porte un jugement négatif ;
– le lexique mélioratif porte le plus souvent un jugement positif sur le sujet, sauf s'il est employé ironiquement, comme c'est le cas dans le texte de Camus ;
– les adverbes modalisateurs (➤ *sûrement, certainement, sans doute).* EXERCICES 5 À 7

S'EXERCER ET RÉDIGER

1 La présence du locuteur : les marques temporelles

Exercice 1

Identifier une thèse grâce aux marques temporelles.

La vie urbaine et la vie rurale

Jusqu'en 1940 – puis à nouveau, entre 1960 et 1970 –, on vient habiter la ville pour être mieux logé ; ce fait est indéniable. Les déplorables conditions d'hygiène qui caractérisaient les villes du XIXe siècle se sont considérablement améliorées. Pendant la première moitié du siècle suivant, l'eau courante, l'électricité, les réseaux d'assainissement ont été l'apanage[1] des villes. Moyens de chauffage modernes, cuisines fonctionnelles, salles de bains ont constitué les caractéristiques de la deuxième vague de l'habitat urbain. La crise du logement, sans être complètement dénouée, a perdu de son acuité : c'est ce qui a poussé les jeunes couples à quitter le village, dès les premières années de leur mariage, pour venir s'installer en ville.

Rien de tout cela n'est encore vrai aujourd'hui : le confort a cessé d'être un pôle d'attraction urbain. Nos villages se modernisent, et leur habitat se rénove très rapidement. Dans quelques années, la ruralité sera bien équipée en salles d'eau, moyens de chauffage, mobilier, etc. Qui plus est, le logement rural disposera de trois atouts dont la ville est privée : le silence, l'espace et l'artisanat local, qui permet – à peu de frais – de personnaliser son habitat. Dans dix ans, on sera mieux logé dans les communes rurales que dans les villes modernes. Le mouvement vers les résidences secondaires exprime, en partie, cette évolution.

Paul Granet, *Changer la ville,* D.R.

1. Être l'apanage de : appartenir en propre à.

1. Relevez les marques temporelles de ce texte et classez-les selon l'axe des temps (passé, présent, futur).

2. Dégagez, à partir de la succession des temps verbaux, le plan de ce texte.

3. Écriture. Résumez l'opinion de l'auteur à propos des mouvements de population entre les campagnes et les villes. Faites clairement apparaître dans le résumé l'opposition temporelle qui structure le texte *(5 lignes)*.

2 La présence du locuteur et du destinataire : les marques personnelles

Exercice 2

Repérer et utiliser les marques personnelles dans un texte exprimant une opinion.

L'art de voyager

D'ailleurs, vous savez comment je voyage, et je n'ai aucune des habitudes et des qualités du touriste littéraire ; j'ai déjà parcouru autant de pays que Joconde, et je suis sorti ou rentré par toutes les portes de la France ; mais, quant à voir les points de vue et les curiosités selon l'ordre des itinéraires, c'est de quoi je me suis toujours soigneusement défendu. Je suis rarement préoccupé des monuments et des objets d'art, et, une fois dans une ville, je m'abandonne au hasard, sûr d'en rencontrer assez toujours pour ma consommation de flâneur. J'ai perdu beaucoup sans doute à cette indifférence ; mais je lui dois aussi beaucoup de rencontres et d'admirations imprévues que le guide officiel ne m'eût pas fait connaître ou qu'il m'aurait gâtées. Ce que j'aime surtout en voyage, c'est à respirer l'air des forêts et des plaines, c'est à suivre rapidement les longues prairies brumeuses de la Flandre, ou lentement les campagnes joyeuses de l'Italie, fleuries d'or et de soleil ; c'est à parcourir au hasard les rues tortueuses des villes, à me mêler inconnu à cette foule bigarrée, qui bruit d'un langage inconnu, à prendre part, pour un jour, à sa vie éternelle ; curieuse épreuve, isolement salutaire pour l'homme qui sait échapper quelquefois aux molles contraintes de l'habitude, et qui, après une âpre montée, se retourne et parvient à regarder sa vie d'un point unique et sublime, comme on parcourt de ses yeux, du haut du clocher de Strasbourg, le chemin qu'on vient de faire péniblement durant une longue journée.

GÉRARD DE NERVAL, article paru dans *Le Messager*, 18 septembre 1838.

1. Relevez tous les pronoms personnels qui signalent la présence du locuteur et de son destinataire.

2. Expliquez le glissement du pronom *je* au pronom *on* à la fin du texte.

3. Quelle est l'opinion de l'auteur à propos des voyages ? Quelle autre opinion lui oppose-t-il ?

4. Écriture. Quelle est votre propre façon d'envisager le voyage ? Rédigez un paragraphe sur le modèle de celui de Nerval. Vous ferez apparaître votre opinion et celle que vous rejetez *(20 lignes)*.

EXERCICE 3

Exprimer une opinion grâce aux marques personnelles.

Lettre à un jeune poète

Rilke, poète confirmé, répond à la lettre que lui a adressée un jeune poète.

Vous demandez si vos vers sont bons. Vous me le demandez à moi (...). Désormais (puisque vous m'avez permis de vous conseiller), je vous prie de renoncer à tout cela. Votre regard est tourné vers le dehors ; c'est cela surtout maintenant que vous ne devez plus faire. Personne ne peut vous apporter conseil ou aide, personne. Il n'est qu'un seul chemin. Entrez en vous-même, cherchez le besoin qui vous fait écrire : examinez s'il pousse ses racines au fond de votre cœur (...). Fuyez les grands sujets pour ceux que votre quotidien vous offre. Dites vos tristesses et vos désirs, les pensées qui vous viennent, votre foi en une beauté. Dites tout cela avec une sincérité intime, tranquille et humble. Utilisez pour vous exprimer les choses qui vous entourent, les images de vos songes, les objets de vos souvenirs. Si votre quotidien vous paraît pauvre, ne l'accusez pas. Accusez-vous vous même de ne pas être assez poète pour appeler à vous ses richesses. Pour le créateur rien n'est pauvre, il n'est pas de lieux pauvres, indifférents. Même si vous étiez dans une prison, dont les murs étoufferaient tous les bruits du monde, ne vous resterait-il pas toujours votre enfance, cette précieuse, cette royale richesse, ce trésor des souvenirs ? Tournez là votre esprit. Tentez de remettre à flot de ce vaste passé les impressions coulées. Votre personnalité se fortifiera, votre solitude se peuplera et vous deviendra comme une demeure aux heures incertaines du jour, fermée aux bruits du dehors. Et si de ce retour en vous-même, de cette plongée dans votre propre monde, des vers vous viennent, alors vous ne songerez pas à demander si ces vers sont bons. Vous n'essaierez pas d'intéresser des revues à ces travaux, car vous en jouirez comme d'une possession naturelle, qui vous sera chère, comme d'un de vos modes de vie et d'expression. Une œuvre d'art est bonne quand elle est née d'une nécessité.

RAINER-MARIA RILKE, *Lettres à un jeune poète*, trad. Bernard Grasset et Rainer Biemel, éd. Grasset.

1. Relevez les marques personnelles qui figurent dans ce texte. À quel mode sont la plupart des verbes ? Commentez ces relevés en tenant compte du fait qu'il s'agit d'une lettre.

2. Un jeune poète demande à Rilke, poète confirmé, de porter un jugement sur ses premiers essais poétiques. Relevez la phrase qui résume ce jugement.

3. Quels sont d'après lui les vrais chemins de la poésie ?

4. Écriture. Vous écrivez à un adulte qui s'est illustré dans la profession que vous envisagez d'exercer plus tard. Vous lui exprimez l'admiration et l'enthousiasme qu'il a suscités en vous. Vous aurez soin de varier les verbes exprimant l'opinion *(trouver, penser, apprécier, etc.)*.

Exercice 4

Commenter l'absence des marques personnelles.

Lisez attentivement l'article « Presse » de l'exercice 5 p. 57.

1. Le locuteur et le destinataire sont-ils présents dans ce texte ? Pourquoi ?

2. Parmi les propositions suivantes, quelles sont celles qui développent des thèses identiques à celle du texte ?
a) *La presse favorise le débat d'idées.*
b) *La presse est un instrument des partis politiques.*
c) *Les journaux contribuent à élaborer les valeurs d'une société.*
d) *Les journaux adoucissent les mœurs.*
e) *La presse favorise le dialogue, indispensable à toute vie sociale.*
f) *La presse favorise l'intégration des minorités.*

3 La présence du locuteur : le lexique appréciatif

Exercice 5

Identifier l'opinion du locuteur grâce au lexique.

Les prisons

La prison des condamnés à mort, placée à côté et bâtie en pendant de la prison des jeunes détenus, est une vivante et saisissante antithèse. Ce n'est pas seulement le commencement et la fin du malfaiteur qui se regardent ; c'est aussi la confrontation perpétuelle des deux systèmes pénitentiaires, la claustration cellulaire et l'emprisonnement en commun. Il suffit presque de ce vis-à-vis pour juger la question. C'est un duel sombre et silencieux entre le cachot et la cellule, entre la vieille prison et la prison nouvelle.

D'un côté, tous les condamnés pêle-mêle, l'enfant de dix-sept ans avec le vieillard de soixante-dix, le prisonnier de treize mois avec le forçat à vie, le gamin imberbe qui a chipé des pommes et l'assassin de grandes routes sauvé de la place Saint-Jacques et jeté à Toulon par les circonstances atténuantes, des presque innocents et des quasi damnés, des yeux bleus et des barbes grises, de hideux ateliers infects où se coudoient et travaillent, dans des espèces de ténèbres, à des choses sordides et fétides, sans air, sans jour, sans parole, sans regard, sans intérêt, d'affreux spectres mornes, dont les uns épouvantent par leur vieillesse, les autres par leur jeunesse.

De l'autre côté, un cloître, une ruche ; chaque travailleur dans sa cellule, chaque âme dans son alvéole ; un immense édifice à trois étages remplis de voisins qui ne se sont jamais vus ; une ville composée d'une foule de petites solitudes ; rien que des enfants, et des enfants qui ne se connaissent pas, qui vivent des années l'un près de l'autre, sans jamais entendre ni le bruit de leurs pas, ni le son de leur voix, séparés par un mur et par un abîme ; le travail, l'étude, les outils, les livres, huit heures de sommeil, une heure de repos, une heure de jeu dans une petite cour à quatre murs, la prière soir et matin, la pensée toujours.

D'un côté, un cloaque ; de l'autre, une culture.

Victor Hugo, *Choses vues.*

1. Relevez les termes appréciatifs qui traduisent le jugement de l'écrivain sur les prisons anciennes.

2. Procédez au même relevé pour les prisons nouvelles.

3. *Il suffit presque de ce vis-à-vis pour juger la question* (l. 9). En quoi la construction du texte confirme-t-elle bien cette phrase ?

4. Expliquez le sens des mots *cloaque* et *culture* dans ce contexte.

5. Résumez l'opinion de Victor Hugo en une phrase.

Exercice 6

Exprimer une opinion.

Le code de la politesse

Alceste est un misanthrope. Il déteste le genre humain dans son ensemble et reproche aux « gens à la mode » de son époque leur politesse excessive qui tourne à l'hypocrisie.

Non, je ne puis souffrir cette lâche méthode
Qu'affectent la plupart de vos gens à la mode ;
Et je ne hais rien tant que les contorsions
De tous ces grands faiseurs de protestations,
Ces affables[1] donneurs d'embrassades frivoles,
Ces obligeants diseurs d'inutiles paroles,
Qui de civilités avec tous font combat.
Et traitent du même air[2] l'honnête homme et le fat[3]
Quel avantage a-t-on qu'un homme vous caresse[4]
Vous jure amitié, foi, zèle, estime, tendresse,
Et vous fasse de vous un éloge éclatant,
Lorsqu'au premier faquin[5] il court en faire autant ?

Molière, *Le Misanthrope.*

---

1. Affable : aimable.
2. Du même air : de la même manière.
3. Fat : prétentieux.
4. Caresse : flatte.
5. Faquin : individu sans valeur.

1. Relevez les mots qui dénoncent le manque de sincérité de ces gens de cour ou de salon. Quels sont ceux qui, dans ce contexte, prennent une valeur péjorative ?

2. Relevez d'autres procédés qui marquent la présence du locuteur dans le texte.

3. Écriture. Pensez-vous comme Alceste que la politesse est une forme d'hypocrisie ou qu'elle est un aspect positif de notre vie en société ? Défendez votre opinion *(15 lignes)*. Avant de rédiger, préparez un lexique péjoratif (*ex. : la politesse est une lâche méthode*) ou mélioratif (*ex. : elle est le baume de nos relations sociales*) selon le point de vue que vous voulez défendre.

Exercice 7

Exprimer l'opinion contraire.

Les miracles de la science

Malgré les préjugés qui recouvrent encore une partie de la face de l'Europe comme un réseau, la lumière cependant commence à pénétrer dans nos campagnes. C'est ainsi que, mardi, notre petite cité d'Yonville s'est vue le théâtre d'une expérience chirurgicale qui est en même temps un acte de haute philanthropie. M. Bovary, un de nos praticiens les plus distingués, a opéré d'un pied bot le nommé Hippolyte Tautain, garçon d'écurie depuis vingt-cinq ans à l'hôtel du Lion d'Or, tenu par madame Lefrançois, sur la place d'Armes. La nouveauté de la tentative et l'intérêt qui s'attachait au sujet avait attiré un tel concours de population, qu'il y avait véritablement encombrement au seuil de l'établissement. L'opération, du reste, s'est pratiquée comme par enchantement et à peine si quelques gouttes de sang sont venues sur la peau, comme pour dire que le tendon rebelle venait enfin de céder sous les efforts de l'art…

Nous tiendrons nos lecteurs au courant des phases successives de cette cure remarquable.

Gustave Flaubert, *Madame Bovary.*

1. Relevez les termes exprimant l'admiration excessive et ridicule du journaliste pour le modeste médecin improvisé chirurgien.

2. Quel est à votre avis, ici, la fonction du lexique mélioratif : sert-il à exprimer l'admiration ou le jugement critique de l'auteur ? Justifiez votre réponse.

3. Écriture. Faites un compte rendu de ce même événement en écrivant un article utilisant un lexique péjoratif *(20 lignes)*.

CHAPITRE 5

Étudier la valeur des temps et des modes

LIRE ET OBSERVER

Un roi sans sujets

Antoine de Saint-Exupéry, *Le Petit Prince*, éd. Gallimard.

Le petit prince a quitté sa planète – l'astéroïde B 612 – et arrive sur celle d'un roi sans sujets.

Le petit prince chercha des yeux où s'asseoir, mais la planète était tout encombrée par le magnifique manteau d'hermine. Il resta donc debout, et, comme il était fatigué, il bâilla.

« Il est contraire à l'étiquette de bâiller en présence d'un roi, lui dit le monarque. Je te l'interdis.

– Je ne peux pas m'en empêcher, répondit le petit prince tout confus. J'ai fait un long voyage et je n'ai pas dormi...

– Alors, lui dit le roi, je t'ordonne de bâiller. Je n'ai vu personne bâiller depuis des années. Les bâillements sont pour moi des curiosités. Allons ! bâille encore. C'est un ordre.

– Ça m'intimide... je ne peux plus..., fit le petit prince tout rougissant.

– Hum ! hum ! répondit le roi. Alors je... je t'ordonne tantôt de bâiller et tantôt de... »

Il bredouillait un peu et paraissait vexé.

Car le roi tenait essentiellement à ce que son autorité fût respectée. Il ne tolérait pas la désobéissance. C'était un monarque absolu. Mais, comme il était très bon, il donnait des ordres raisonnables.

« Si j'ordonnais, disait-il couramment, si j'ordonnais à un général de se changer en oiseau de mer, et si le général n'obéissait pas, ce ne serait pas la faute du général. Ce serait ma faute. » ■

Temps de l'indicatif
- présent
- imparfait
- passé simple

Autres modes
- infinitif
- conditionnel
- subjonctif
- impératif

Analyser et rédiger

- Pour conjuguer les verbes de ce récit, Antoine de Saint-Exupéry a dû se plier à un certain nombre de règles grammaticales. Mais il a su aussi choisir un temps ou un mode pour créer un effet stylistique.
- Ce récit est écrit au passé, comme la plupart des texte narratifs.

Il est fondé sur l'alternance du **passé simple** et de l'**imparfait**. Le passé simple est utilisé pour exprimer les actions du petit prince ou introduire les paroles des personnages. L'imparfait sert essentiellement à décrire la planète ou porter un jugement sur le caractère du roi.

● Antoine de Saint-Exupéry a choisi de faire dialoguer le roi et le petit prince. Il utilise pour cela le **présent**, temps du discours, qui permet d'actualiser les paroles prononcées.

● Dans la phrase « si le général n'obéissait pas, ce ne serait pas la faute du général » (l. 20), le choix du conditionnel permet d'insister sur la grande improbabilité d'un ordre aussi ridicule. Il confirme, avec humour, le jugement de l'auteur sur le roi : « comme il était très bon » (l.18).

RETENIR

L'emploi des modes et des temps, dans un texte, correspond à une nécessité grammaticale et à un choix stylistique.

1. Le discours et le récit

Le **discours** rapporte les paroles du narrateur ou du personnage. Il fait intervenir les 1re et 2e personnes *(➤ je, nous, tu, vous)* ; son temps de base est le présent. Le repérage temporel se fait à partir du moment de la communication *(➤ aujourd'hui, hier, demain)*.

Le **récit**, lui, est coupé de la situation de communication *(➤ ce jour-là, la veille, le lendemain)*. Il est le plus souvent écrit à la 3e personne ; son temps de base est le passé simple accompagné de l'imparfait. EXERCICE 1

2. L'alternance de l'imparfait et du passé simple dans le récit

Le **passé simple** est considéré comme le temps de base du récit : il sert à exprimer les actions, qu'il met en relief. Ces actions ont une durée que l'on peut déterminer.

➤ *Il ouvrit brusquement la porte.*

L'**imparfait**, dans un récit, est plutôt un temps de second plan. Il est utilisé pour les descriptions, les actions qui se répètent ou celles qui ont une durée indéterminée.

➤ *Le sentier serpentait entre les dunes.* (On ne sait ni quand ce sentier a été tracé ni pendant combien de temps il serpentera encore entre les dunes.) EXERCICES 2 ET 3

3. Le choix d'un mode

Un auteur peut choisir un mode ou un temps selon le type de texte qu'il souhaite écrire ou l'effet stylistique qu'il veut créer.

On distingue habituellement quatre grands types de textes : le texte **informatif** qui informe, le texte **narratif** qui raconte, le texte **argumentatif** qui cherche à convaincre et le texte **injonctif** qui fait agir. À chacun de ces types de textes correspond un mode ou un temps particulier. Par exemple, un texte injonctif utilise l'impératif.

➤ *Salez, poivrez et enfournez.*

Les modes correspondent à différentes façons d'envisager les faits exprimés par le verbe. Ainsi, si l'indicatif affirme la réalité du fait qu'il exprime et le situe à une époque *(➤ Il viendra demain)*, le subjonctif permet d'interpréter les faits sans affirmer leur réalité *(➤ Je souhaite qu'il vienne)*. EXERCICE 4

S'EXERCER ET RÉDIGER

1 Les temps du discours et du récit

Exercice 1

Distinguer les temps du discours et du récit.

La vengeance de Viviane

La fée Viviane a emprisonné l'enchanteur Merlin dans une tombe.

L'enchanteur était entré conscient dans la tombe et s'y était couché comme sont couchés les cadavres. La dame du lac avait laissé retomber la pierre, et voyant le sépulcre clos pour toujours, avait éclaté de rire. L'enchanteur mourut alors. Mais, comme il était immortel de nature et que sa mort provenait des incantations de la dame, l'âme de Merlin resta vivante en son cadavre. Dehors, assise sur la tombe, la dame du lac, que l'on appelle Viviane ou Eviène, riait, éveillant les échos de la forêt profonde et obscure. Lorsque sa joie fut calmée, la dame parla, se croyant seule : « Il est mort le vieux fils du diable. J'ai enchanté l'enchanteur décevant et déloyal que protégeaient les serpents, les hydres, les crapauds, parce que je suis jeune et belle, parce que j'ai été décevante et déloyale, parce que je sais charmer les serpents, parce que les hydres et les crapauds m'aiment aussi. Je suis lasse d'un tel travail. Le printemps commence aujourd'hui, le bon printemps fleurissant que je déteste ; mais il passera vite, ce printemps parfumé qui m'enchante. »

GUILLAUME APOLLINAIRE, *L'Enchanteur pourrissant*,
éd. Gallimard.

1. Nommez les temps utilisés dans le récit puis dans le discours.

2. Relevez d'autres indices (ponctuation, pronoms, adverbes) qui permettent de différencier le récit et le discours.

3. Écriture. Merlin prend la parole. Poursuivez ce texte en respectant l'alternance entre le récit et le discours *(15 lignes)*.

2 L'alternance de l'imparfait et du passé simple

Exercice 2

Reconnaître les valeurs de l'imparfait et du passé simple.

La gitane

Comme elle redescendait vers le village, une vieille gitane, qui portait aux oreilles des anneaux d'argent, la croisa. La vieille femme revint sur ses pas après l'avoir dépassée. Elle se rapprocha, posa la main sur l'épaule de la jeune femme, et Soledad se retourna en sursautant. La vieille n'avait pas de lèvres, son visage était couvert de rides. Quand elle parla, Soledad découvrit une bouche édentée et songea aux sorcières décrites par sa mère pour la faire obéir quand elle était enfant.

« Tu n'as pas le droit de pleurer à ton âge, petite, dit la gitane ; donne-moi ta main. »

Soledad hésita, ne sachant comment échapper à ce regard qui la transperçait. On racontait toutes sortes d'histoires au sujet des gitans.

CHRISTIAN SIGNOL,
Les amandiers fleurissaient rouge,
éd. Robert Laffont.

1. Relevez les verbes conjugués au passé simple. Quelle est leur fonction dans ce récit ?

2. Relevez les verbes conjugués à l'imparfait. Associez à chacun d'eux l'une des valeurs suivantes : durée indéterminée, habitude, description, action de second plan.

3. Transformez la deuxième phrase en une phrase complexe en conjuguant *avoir dépassée*. Quelle est la valeur du temps que vous avez utilisé ?

4. Écriture. Poursuivez ce récit en respectant l'alternance de l'imparfait et du passé simple.

Exercice 3

Étudier les valeurs des temps.

Dans les tranchées

Le narrateur est au front au cours de la Première Guerre mondiale.

Dehors, la nuit aux aguets écoutait la tranchée. Elle était tranquille ce soir-là. On n'entendait ni le sourd ébranlement du canon, ni le sec crépitement de la fusillade. Seule, une mitrailleuse tirait, coup par coup, sans colère ; on eût dit une ménagère lunatique qui battait ses tapis. Autour du village, c'était le lourd silence des campagnes frileuses. Mais soudain, sur la route, un bourdonnement s'éveilla, grossit, roula vers nous, et les murs se mirent à trembler... Les camions.

Ils roulaient pesamment ; avec un bruit cahotant de ferraille. Que j'aurais voulu m'endormir avec ce roulement familier dans les oreilles et dans l'esprit ! Les autobus, naguère, passaient ainsi sous mes fenêtres et me tenaient éveillé, tard dans la nuit. Comme je les détestai, en ce temps-là ! Sans rancune, pourtant, ils revenaient me voir dans mon exil. Comme autrefois, ils faisaient tressauter mon demi-sommeil, et je sentais trembler les murs. Ils venaient me bercer.

Est-ce drôle, on n'entend pas leurs durs cahots sur le pavé, ce soir, ni les vitres qui tremblent, ni le passant attardé qui appelle... Leur bruit ne fait plus qu'un ronron dans ma tête qui s'endort... Ils grincent, ils cahotent, ils sont passés... Adieu, Paris...

ROLAND DORGELES, *Les Croix de bois*, éd. Albin Michel.

1. Quels sont les deux temps verbaux utilisés dans le premier paragraphe ? Justifiez leur emploi. Relevez un autre indice qui marque le passage d'un temps à l'autre.

2. Quelles sont les deux périodes de sa vie qui se mêlent dans l'esprit du soldat ? Relevez trois connecteurs temporels qui permettent de les situer. À quel temps sont les verbes ? Pourquoi l'auteur utilise-t-il le même temps pour évoquer deux périodes différentes ?

3. À quel temps est le troisième paragraphe ? À quelle période de la vie du soldat fait-il référence ? Justifiez son emploi. Quelle est la valeur du passé composé *ils sont passés* (l. 28)?

4. Donnez un titre au texte en tenant compte de ce que vous venez d'étudier.

5. Écriture. Rédigez un récit au passé à la première personne dans lequel vous évoquerez une situation qui déclenche en vous un souvenir (*15 lignes*).

3 Choisir un mode et un temps selon un projet d'écriture

Exercice 4

Étudier la valeur du conditionnel.

Un idéal de vie

Ils rêvaient de vivre à la campagne, à l'abri de toute tentation. Leur vie serait frugale et limpide. Ils auraient une maison de pierres blanches, à l'entrée d'un village, de chauds pantalons de velours côtelé, de gros souliers, un anorak, une canne à bout ferré, un chapeau, et ils feraient chaque jour de longues promenades dans les forêts. Puis, ils rentreraient, ils se prépareraient du thé et des toasts, comme les Anglais, ils mettraient de grosses bûches dans la cheminée ; ils poseraient sur le plateau de l'électrophone un quatuor qu'ils ne se lasseraient jamais d'entendre, ils liraient les grands romans qu'ils n'avaient jamais eu le temps de lire, ils recevraient leurs amis.

GEORGES PEREC, *Les Choses*, éd. Julliard.

1. Relevez tous les verbes conjugués au conditionnel. Quel est le mot du texte dont le sens justifie l'emploi de ce mode ?

2. Mettez tous les verbes de la dernière phrase du texte à l'imparfait de l'indicatif. Quelle impression avez-vous créée ?

3. Écriture. Sur le modèle du texte de Georges Perec, écrivez un texte d'une dizaine de lignes qui commence de la façon suivante : *Il rêvait de partir...*

CHAPITRE

6 Étudier les métaphores et les comparaisons

LIRE ET OBSERVER

Le moissonneur de merveilles

PIERRE JAKEZ-HÉLIAS, *La Nuit singulière*, D.R.

« Mélanie, dites-moi donc quel métier il fait, le promeneur de char vide sous la lune, l'homme de la patronne de l'auberge ? » Mélanie finit tranquillement de remonter son seau d'eau. Elle regarda la jeune femme avec une lueur amusée dans l'œil.

« La charrette n'était pas vide. Vous n'avez pas bien regardé, ma fille.

– Pourtant, mais... Qu'y avait-il dedans ?

– Je ne peux pas vous le dire. Vous trouverez toute seule comme nous avons tous fait. Attendez seulement la nuit du solstice d'hiver[1] et vous saurez ce que c'est qu'un moissonneur de nuit. »

Il allait ramasser des histoires extraordinaires le long des chemins qui les avaient vues se produire dans les temps passés. Il avait le don de les faire resurgir pour en amasser, dans son char-à-bancs[2], les héros invisibles à tout autre que lui. Autour de l'auberge, entre les champs cultivés et la forêt au loup, il avait découvert un gisement de contes comme il y a des veines de charbon. Mais les contes n'étaient pas sous terre, ils étaient en surface et à hauteur d'homme. Trois heures lui suffisaient le plus souvent pour en moissonner un qui était mûr. Mais quelquefois sa tête l'entraînait plus loin et il avait besoin de trois jours pour venir à bout de sa moisson. Les contes, il n'y avait que lui pour les voir. Et cependant, les gens du pays vous diront que le cheval bai[3] avait bien du mal à ramener sa charrette tant elle était chargée. Ils vous diront aussi que certains contes pèsent plus lourd qu'une marmite pleine d'or. Et ils sont largement payés pour le savoir puisque le moissonneur de merveilles les invitait tous, une fois par an, une seule, la nuit du solstice d'hiver, pour écouter, dans cette salle, les contes qu'il avait amassés dans leurs chemins, là où ils n'auraient jamais soupçonné qu'ils étaient cachés entre ciel et terre. Or, quand on leur demandait de les redire, ils n'arrivaient jamais à se souvenir de rien. ■

1. Solstice d'hiver : jour le plus court de l'année.
2. Char-à-bancs : voiture à cheval comportant des bancs.
3. Bai : d'un brun rouge.

Repérer

Les lexiques du travail et du conte

Les mots sur fond gris dans le texte évoquent les travaux des champs.
Ceux encadrés en vert évoquent les travaux de la mine.
Les mots soulignés en noir évoquent l'univers des contes de fées.

Un jeu d'assimilations

Le rapprochement ou l'assimilation de ces deux champs lexicaux est réalisé à plusieurs reprises à travers les expressions soulignées en vert.

Analyser et rédiger

- Ce texte évoque sous forme d'une énigme le métier de « moissonneur de merveilles » (l. 23). Il révèle peu à peu que ce travail ne consiste pas à couper du blé mais à collectionner les histoires anciennes.
- En substituant au mot « conteur » le mot « moissonneur », l'auteur crée une métaphore. À cette métaphore végétale vient se greffer une métaphore minérale : « le gisement de contes » (l. 14). Le narrateur explique ce rapprochement inhabituel par une comparaison : « comme il y a des veines de charbon » (l. 15). Cet enchaînement d'images fait pénétrer le lecteur dans l'univers magique du conte et de la poésie.

RETENIR

1. La **comparaison** établit un rapprochement entre deux termes à partir d'un élément commun et avec un mot-outil (➤ *comme, être semblable à, être pareil à*…).
➤ « *Tes cheveux sont comme mer qui moutonne.* » (Apollinaire.)

La **métaphore** substitue ou assimile deux termes à partir de caractéristiques communes et sans terme de comparaison.
- La métaphore peut être une substitution.
  ➤ *Le moissonneur de nuit* (point commun avec le conteur : le fait de cueillir).
- Comparé et comparant peuvent être assimilés par différents moyens grammaticaux :
  – le complément de nom. ➤ *Un gisement de contes ;*
  – l'apposition. ➤ « *Arbres, candélabres de la noirceur* » (Supervielle) ;
  – l'attribut. ➤ « *Les souvenirs sont des cors de chasse* » (Apollinaire). EXERCICES 1 À 3

2. Une **métaphore filée** est développée par plusieurs termes. EXERCICE 4

3. Des comparaisons et métaphores employées trop souvent perdent leur pouvoir d'évocation et deviennent des **clichés**. ➤ *Tes cheveux d'or.* EXERCICES 5 À 7

4. Comparaisons et métaphores sont des images qui ont le plus souvent une **fonction poétique**. Elles peuvent aussi avoir une **valeur explicative**. EXERCICES 8 À 10

S'EXERCER ET RÉDIGER

1 Repérer, analyser, créer des comparaisons et des métaphores

Exercice 1

Identifier et analyser des métaphores.

Les vieux

Est-ce d'avoir trop ri que leur voix se
[lézarde quand ils parlent d'hier
Et d'avoir trop pleuré que des larmes
[encore leur perlent aux paupières
Et s'ils tremblent un peu est-ce de voir
[vieillir la pendule d'argent
Qui ronronne au salon, qui dit oui, qui dit
[non, qui dit je vous attends.

JACQUES BREL.

1. Relevez les quatre métaphores de cette chanson.

2. Identifiez les comparés, les comparants ainsi que la caractéristique commune qui a permis au poète de créer la métaphore.

Exercice 2

Décomposer des comparaisons et des métaphores.

Les sapins

Les sapins en bonnets pointus
De longues robes revêtus
Comme des astrologues
Saluent leurs frères abattus
Les bateaux qui sur le Rhin voguent

Dans les sept arts endoctrinés
Par les vieux sapins leurs aînés
Qui sont de grands poètes
Ils se savent prédestinés
À briller plus que des planètes

À briller doucement changés
En étoiles et enneigés
Aux Noëls bienheureuses
Fêtes des sapins ensongés
Aux longues branches langoureuses

Les sapins beaux musiciens
Chantent des noëls anciens
Au vent des soirs d'automne
Ou bien graves magiciens
Incantent le ciel quant il tonne

Des rangées de blancs chérubins
Remplacent l'hiver les sapins
Et balancent leurs ailes
L'été ce sont de grands rabbins
Ou bien de vieilles demoiselles

Sapins médecins divagants
Ils vont offrant leurs bons onguents
Quand la montagne accouche
De temps en temps sous l'ouragan
Un vieux sapin geint et se couche

GUILLAUME APOLLINAIRE, *Alcools*,
éd. Gallimard.

1. Relevez une comparaison qui évoque les sapins. Quel est le mot-outil de comparaison utilisé ?

2. L'auteur semble préférer la métaphore pour évoquer les métamorphoses successives des arbres au cours des saisons. Relevez les métaphores et classez-les selon que les constructions grammaticales suivantes sont utilisées : la mise en apposition, l'attribut, la substitution.

3. Écriture. Évoquez les métamorphoses de la mer à la manière d'Apollinaire. Vous rédigerez un paragraphe en prose dans lequel vous enchaînerez métaphores et comparaisons.

Exercice 3

Identifier et créer des comparaisons et des métaphores.

Ballade à la lune
C'était dans la nuit brune
Sur le clocher jauni,
La lune
Comme un point sur un i.

Lune, quel esprit sombre
Promène au bout d'un fil,
Dans l'ombre,
Ta face et ton profil ?

Es-tu l'œil du ciel borgne ?
Quel chérubin[1] cafard[2]
Nous lorgne[3]
Sous ton masque blafard ?

N'es-tu rien qu'une boule,
Qu'un grand faucheux[4] bien gras
Qui roule
Sans pattes et sans bras ?

Es-tu, je t'en soupçonne,
Le vieux cadran de fer
Qui sonne
L'heure aux damnés d'enfer ?

Sur ton front qui voyage
Ce soir ont-ils compté
Quel âge
A leur éternité ?

Est-ce un ver qui te ronge
Quand ton disque noirci
S'allonge
En croissant rétréci ?

Qui t'avait éborgnée,
L'autre nuit ? T'étais-tu
Cognée
À quelque arbre pointu ?

Car tu vins, pâle et morne,
Coller sur mes carreaux
Ta corne
À travers les barreaux.

ALFRED DE MUSSET, *Contes d'Espagne et d'Italie.*

1. Chérubin : angelot.
2. Cafard : hypocrite.
3. Lorgner : regarder d'un drôle d'air.
4. Faucheux : araignée.

1. Relevez une comparaison. Quel est l'outil grammatical qui l'exprime ?

2. Quelles sont les quatre métaphores utilisées pour identifier la lune ?

3. La lune est personnifiée. Relevez tous les mots qui contribuent à cette personnification.

4. Écriture. Écrivez à votre tour un texte poétique en prose pour évoquer un des éléments suivants : la guerre, un rêve, l'adolescence, la tristesse, un nuage. Vous trouverez une comparaison initiale et construirez votre texte en enchaînant cinq métaphores différentes.

2 La métaphore filée

EXERCICE 4

Analyser et créer une métaphore filée.

Le bon goût du sonnet

Pour cette grande faim qu'à mes yeux on [expose,
Un plat seul de huit vers me semble peu de [chose,
Et je pense qu'ici je ne ferai pas mal,
De joindre à l'épigramme ou bien au [madrigal,
Le ragoût d'un sonnet, qui chez une [princesse,
A passé pour avoir quelque délicatesse.
Il est de sel attique assaisonné partout,
Et vous le trouverez, je crois, d'assez bon [goût.

MOLIÈRE, *Les Femmes savantes,* III, 2.

1. Quel est le comparé de cette métaphore filée?

2. À quel champ lexical est emprunté le comparant de cette métaphore ? Relevez les termes qui le constituent.

3. Qu'est-ce qui souligne le ridicule du personnage ?

4. Écriture. Rédigez un paragraphe dans lequel vous filerez une métaphore pour évoquer la vitrine d'un magasin :
– Cherchez un comparant approprié.
Ex. : Une bijouterie : un ciel d'été ;
– Explorez les champs lexicaux du comparé et du comparant.
Ex. : La bijouterie : collier, diamant, rubis, boucles d'oreille, etc. Le ciel : comète, voie lactée, planète, satellite, etc.
– Opérez des analogies, des assimilations, des comparaisons entre les deux domaines.

3 Les clichés

Exercice 5

Reconnaître des clichés.

Retrouvez le verbe qui manque afin de compléter ces métaphores et ces comparaisons passées dans la langue courante.
... comme une âme en peine ;
... comme un charretier ;
... comme un sourd ;
... comme un dératé ;
... comme un arracheur de dents ;
... à boulets rouges ;
... comme un cheveu sur la soupe ;
... à gorge déployée ;
... à bâtons rompus ;
... à bride abattue.

Exercice 6

Comprendre et utiliser des clichés.

1. Expliquez le sens des images suivantes : *des doigts de fée, une main de fer, vivre sur un grand pied, avoir à l'œil, avoir pieds et poings liés, laisser traîner une oreille, être le bras droit de quelqu'un, avoir le bras long, avoir la main verte, jouer des coudes, être sur les genoux, avoir l'estomac dans les talons, avoir un chat dans la gorge.*

2. Trouvez six autres métaphores, construites à partir de l'évocation d'une partie du corps humain.

3. Écriture. Utilisez le plus grand nombre possible de ces clichés liés au corps humain pour faire un portrait fantaisiste.

Exercice 7

Exploiter des clichés en poésie.

L'arche de Noé

Pour entrer dans l'arche de Noé
toutes les bêtes
ont montré patte blanche
La brebis galeuse,
le canard boiteux
l'oie blanche et la poule mouillée
deux chiens de faïence
un tigre de papier
l'anguille sous roche
le coq de clocher
le dindon de la farce
la vache à lait
le rat de bibliothèque
le chat échaudé
la fine mouche, l'âne bâté
le bouc émissaire (...)
et l'ours mal léché
le veau d'or et la vache espagnole
le vieux loup de mer

André Rochedy, *Bêtes à rire et à pleurer*, éd. Magnard.

1. Vérifiez dans le dictionnaire le sens des métaphores que vous ne connaissez pas.

2. Comment l'auteur redonne-t-il vie à ces expressions ?

3. Complétez cette arche de Noé en trouvant cinq autres métaphores animales.

4 Étudier la fonction des images

Exercice 8

Analyser l'effet poétique des métaphores.

Que serais-je sans toi ?

Que serais-je sans toi qui vins à ma rencontre
Que cette heure arrêtée au cadran de la montre
Que serais-je sans toi qu'un cœur au bois
[dormant
Que serais-je sans toi que ce balbutiement
(...)
J'ai tout appris de toi sur les choses humaines
Et j'ai vu désormais le monde à ta façon
J'ai tout appris de toi comme on boit aux
[fontaines
Comme on lit dans le ciel les étoiles lointaines
Comme au passant qui chante on reprend sa
[chanson
J'ai tout appris de toi jusqu'au sens du frisson

Louis Aragon, « Prose du bonheur et d'Elsa », *Le Roman inachevé*, éd. Gallimard.

1. Relevez dans la première strophe de ce texte les trois métaphores par lesquelles le poète se désigne avant sa rencontre avec Elsa.

2. Commentez ces métaphores en expliquant quels sentiments du poète elles expriment.

3. Relevez dans la troisième strophe trois comparaisons.

4. Commentez ces comparaisons en expliquant comment elles permettent de donner une nouvelle définition du mot *bonheur*.

5. **Écriture.** Évoquez à votre tour dans un texte poétique en prose comment le sentiment de bonheur a chassé une peine. Vous choisirez une circonstance précise (amitié, retrouvailles, etc.). Vous rédigerez deux paragraphes opposés dans lesquels vous imaginerez trois métaphores pour évoquer la tristesse et cinq comparaisons pour suggérer le bonheur enfin trouvé.

EXERCICE 9

Créer des métaphores.

Le dialogue du piano et du violon

Le beau dialogue que Swann entendit entre le piano et le violon au commencement du dernier morceau ! (...)

D'abord le piano solitaire se plaignit, comme un oiseau abandonné de sa compagne ; le violon l'entendit, lui répondit comme d'un arbre voisin. C'était comme au commencement du monde, comme s'il n'y avait encore eu qu'eux deux sur la terre, ou plutôt dans ce monde fermé à tout le reste, construit par la logique d'un créateur et où ils ne seraient jamais que tous les deux : cette sonate[1]. Est-ce un oiseau, est-ce l'âme incomplète encore de la petite phrase[2], est-ce une fée, cet être invisible et gémissant dont le piano ensuite redisait tendrement la plainte ? Ses cris étaient si soudains que le violoniste devait se précipiter sur son archet pour les recueillir. Merveilleux oiseau ! le violoniste semblait vouloir le charmer, l'apprivoiser, le capter. Déjà il avait passé dans son âme, déjà la petite phrase évoquée agitait comme celui d'un médium[3] le corps vraiment possédé du violoniste. Swann savait qu'elle allait parler une fois encore (...). Elle reparut, mais cette fois pour se suspendre dans l'air et se jouer un instant seulement, comme immobile, et pour expirer après. Aussi Swann ne perdait-il rien du temps si court où elle se prorogeait. Elle était encore là comme une bulle irisée qui se soutient. Tel un arc-en ciel, dont l'éclat faiblit, s'abaisse, puis se relève et, avant de s'éteindre, s'exalte un moment comme il n'avait pas encore fait : aux deux couleurs qu'elle avait jusque-là laissé paraître, elle ajouta d'autres cordes diaprées[4], toutes celles du prisme, et les fit chanter. Swann n'osait pas bouger et aurait voulu faire tenir tranquilles aussi les autres personnes, comme si le moindre mouvement avait pu compromettre le prestige surnaturel, délicieux et fragile qui était si près de s'évanouir.

MARCEL PROUST, *Du côté de chez Swann.*

1. Sonate : pièce de musique.
2. Phrase : mélodie.
3. Médium : personne réputée pour pouvoir communiquer avec les esprits.
4. Diapré : de couleur variée et changeante.

1. Le narrateur évoque la petite phrase musicale que Swann écoute avec émotion. Retrouvez les deux comparaisons principales qui lui permettent de matérialiser ce morceau de musique. Faites apparaître toutes les caractéristiques communes entre le comparé et les comparants. Montrez en quoi elles permettent de traduire le plaisir extrême que Swann éprouve en écoutant ce morceau.

2. Expliquez la comparaison (l. 23) que fait l'auteur entre le violoniste et un médium.

3. Trouvez une métaphore qui évoque cette même petite phrase.

4. **Écriture.** Évoquez, à l'aide de comparaisons et de métaphores, les images et les émotions que fait naître en vous un morceau de musique que vous aimez écouter *(20 lignes)*. Vous pouvez partir de l'amorce suivante : *D'abord les notes aiguës de la guitare firent surgir devant moi...*

Exercice 10

Lire un texte comme une métaphore.

Pour faire le portrait d'un oiseau

Peindre d'abord une cage
avec une porte ouverte
peindre ensuite
quelque chose de joli
quelque chose de simple
quelque chose de beau
quelque chose d'utile
pour l'oiseau
placer ensuite la toile contre un arbre
dans un jardin
dans un bois
ou dans une forêt
se cacher derrière l'arbre
sans rien dire
sans bouger...
Parfois l'oiseau arrive vite
mais il peut aussi bien mettre de longue
[années
avant de se décider
Ne pas se décourager
attendre
attendre s'il le faut pendant des années
la vitesse ou la lenteur de l'arrivée
de l'oiseau n'ayant aucun rapport
avec la réussite du tableau
Quand l'oiseau arrive
s'il arrive
observer le plus profond silence
attendre que l'oiseau entre dans la cage
et quand il est entré
fermer doucement la porte avec le pinceau
puis
effacer un à un tous les barreaux
en ayant soin de ne toucher aucune des
[plumes de l'oiseau
Faire ensuite le portrait de l'arbre
en choisissant la plus belle de ses branches
pour l'oiseau
peindre aussi le vert feuillage et la fraîcheur
[du vent
la poussière du soleil
et le bruit des bêtes de l'herbe dans la
[chaleur de l'été
et puis attendre que l'oiseau se décide à
[chanter
Si l'oiseau ne chante pas
c'est mauvais signe
signe que le tableau est mauvais
mais s'il chante c'est bon signe
signe que vous pouvez signer
Alors vous arrachez tout doucement
une des plumes de l'oiseau
et vous écrivez votre nom dans un coin du
[tableau.

Jacques Prévert, *Paroles*.
éd. Gallimard.

1. Ce poème peut se lire comme les conseils d'un peintre pour réaliser un tableau. Relevez les éléments du texte qui le confirment.

2. Mais on peut aussi substituer au verbe *peindre* le verbe *écrire* et voir dans ce poème une métaphore de l'art poétique. Que symbolise alors l'oiseau ?

3. À partir d'une observation précise du texte, repérez les différentes étapes de la création poétique décrite par Jacques Prévert.

4. Cherchez des exemples de :
a) liberté métrique (alternance de mètres, jeu avec les rimes) ;
b) liberté de la ponctuation (Quel effet crée la suppression presque complète des signes de ponctuation ?) ;
c) liberté de la syntaxe ;
d) liberté du rythme (effets de rupture, d'anaphore).

CHAPITRE

7 Étudier la tonalité comique

LIRE ET OBSERVER

Portraits comiques

VOLTAIRE, *Candide*.

Il y avait en Vestphalie, dans le château de monsieur le baron de Thunder-ten-tronckh, un jeune garçon à qui la nature avait donné les mœurs les plus douces. Sa physionomie annonçait son âme. Il avait le jugement assez droit, avec l'esprit le plus simple ; c'est, je crois, pour cette raison qu'on le nommait Candide[1]. Les anciens domestiques de la maison soupçonnaient qu'il était fils de la sœur de monsieur le baron, et d'un bon et honnête gentilhomme du voisinage, que cette demoiselle ne voulut jamais épouser parce qu'il n'avait pu prouver que soixante et onze quartiers, et que le reste de son arbre généalogique avait été perdu par l'injure du temps.

Monsieur le baron était un des plus puissants seigneurs de la Vestphalie, car son château avait une porte et des fenêtres. Sa grande salle même était ornée d'une tapisserie. Tous les chiens de ses basses-cours composaient une meute dans le besoin[2], ses palefreniers étaient ses piqueurs[3], le vicaire du village était son grand aumônier. Ils l'appelaient tous Monseigneur, et ils riaient quand il faisait des contes. ■

1. Candide : nom qui signifie pur et naïf.
2. Dans le besoin : en cas de nécessité.
3. Piqueur : terme de chasse. Valet qui poursuit la bête à cheval.

Repérer

Lorsque Voltaire écrit les premières lignes de ce conte philosophique, son but est de se moquer de l'orgueil des nobles de son époque à travers la présentation comique du baron de Thunder-ten-tronckh. Mais il cherche également à amuser le lecteur par une entrée en matière qui rappelle celle du conte sans en être tout à fait une.

Ce qui fonde le prestige dérisoire du baron

Ces éléments sont soulignés dans le texte.

Ce qui rappelle la situation initiale d'un conte

– la formule initiale : *Il y avait en Vestphalie* ;
– le cadre géographique et sociologique : le château en Vesphalie ;
– un jeune héros plein de promesses : Candide.

Analyser et rédiger

- Voltaire souligne le **ridicule** des prétentions des nobles grâce à divers procédés **humoristiques**. Le pouvoir d'un nom à particule « Thunder-ten-tronckh » est désamorcé par la répétition comique du « t ». Le prestige de la généalogie est dénoncé par l'**ironie** de l'auteur qui feint de penser, comme son personnage, que soixante et onze quartiers sont insuffisants pour constituer un noble. Le culte de la puissance, fondé sur la possession de richesses matérielles, est présenté comme **absurde** : « Il était un des plus puissants seigneurs car son château avait une porte et des fenêtres. » Le jeu des apparences auquel les nobles sont si sensibles est mis en évidence par les équivalences que Voltaire établit entre « chiens de basses-cours » et « meute », « palefreniers » et « piqueurs », « vicaire » et « aumônier ».
- Par ailleurs, ces nobles qui prétendent incarner la morale sont présentés comme des hommes aux mœurs légères. L'**antiphrase ironique** « bon et honnête gentilhomme » (l. 7) désigne l'amant de la sœur du baron. Voltaire amuse également le lecteur habitué aux contes en lui proposant une entrée en matière **parodique**. Les personnages sont des **caricatures** des protagonistes traditionnels du conte. Candide est un héros au superlatif : il a « les mœurs les plus douces ». Mais il est naïf au lieu d'être rusé. Cette situation contredit donc la situation idéale du conte.

RETENIR

Le comique distrait et critique en faisant apparaître les imperfections du monde. Il revêt des formes variées :

1. **L'humour** joue sur les mots et les sonorités. **EXERCICES 1 À 3**

2. **L'ironie** critique des propos ou des attitudes en disant le contraire de ce que l'on pense. Elle utilise :
– **l'antiphrase**, qui remplace un mot par un antonyme ;
➤ *Quel beau travail !* (antiphrase qui dénonce un travail mal fait.)
– ou **l'antithèse**, qui rapproche deux mots de sens opposés.
➤ *« Ah ! Ah ! le défunt n'est pas mort. » (Le Malade imaginaire.)* **EXERCICES 4 ET 5**

3. **La caricature** grossit les caractéristiques de ce qu'elle évoque. **EXERCICE 6**

4. **La parodie** reproduit de façon caricaturale les propos et les attitudes d'un personnage. Elle peut aussi imiter un genre littéraire. **EXERCICES 7 ET 8**

5. **L'absurde** apparaît lorsque les relations entre les événements rapportés échappent à la logique habituelle. **EXERCICE 9**

S'EXERCER ET RÉDIGER

1 Identifier les marques de l'humour

Exercice 1

Étudier et utiliser le comique de répétition.

Histoire de chasse

Une demi-heure avant minuit, j'entendis un bruit de branches cassées, et au-dessus d'un buisson apparaît la tête du lion. Il nous avait sentis et regardait de l'autre côté. Je le mets en joue et tire : la tête disparaît derrière le buisson, mais au bout d'une minute remonte.

Un second coup : même résultat. La bête, effrayée, cache sa tête, puis la dresse à nouveau. Je restais très calme : j'avais seize coups à tirer dans mes différents fusils. Troisième coup : même jeu. Quatrième coup : même jeu. Je m'énerve, je tire plus mal, de sorte que, après le quinzième coup, l'animal redresse encore la tête.

– Si toi manquer celui-là, me dit le nègre[1], nous mangés.

Je respire profondément, je vise soigneusement, je tire. L'animal tombe… Une seconde… deux… dix… il ne reparaît pas. J'attends encore un peu, puis, triomphant, je me précipite suivi de mon nègre, et devinez, messiou, ce que je trouve derrière…

– Le lion, Padre.

Seize lions, my boy… et chacun avec une balle dans l'œil : c'est ainsi que je débutai.

– By jove, Padre : qui prétend que les Écossais manquent d'imagination ?

André Maurois, *Les Silences du colonel Bramble*, éd. Grasset.

1. Vocabulaire daté, sans connotation péjorative.

1. Relevez les expressions du texte qui désignent le gibier et entretiennent l'illusion que c'est une bête unique.

2. Quel effet l'auteur tire-t-il de la construction du texte ? Comment crée-t-il un effet de surprise à la fin du texte ?

3. Cette anecdote permet au narrateur-chasseur de se moquer de lui-même. Quels traits de son caractère cette mise en scène comique met-elle en valeur ?

4. Écriture. Rédigez une anecdote humoristique dont vous serez le héros-narrateur. Vous raconterez une erreur ou une illusion dont vous avez été victime. Utilisez les trois procédés étudiés dans le texte de Maurois : la confusion entretenue par le lexique, le comique de répétition et la chute.

Exercice 2

Caractériser l'humour d'un texte.

Le cageot

À mi-chemin de la cage au cachot la langue française a cageot, simple caissette à claire-voie vouée au transport de ces fruits qui de la moindre suffocation font à coup sûr une maladie.

Agencé de façon qu'au terme de son usage il puisse être brisé sans effort, il ne sert pas deux fois. Ainsi dure-t-il moins encore que les denrées fondantes ou nuageuses qu'il enferme.

À tous les coins de rues qui aboutissent aux halles, il luit alors de l'éclat sans vanité du bois blanc. Tout neuf encore, et légèrement ahuri d'être dans une pose maladroite à la voirie jeté sans retour, cet objet est en somme des plus sympathiques, – sur le sort duquel il convient toutefois de ne s'appesantir longuement.

Francis Ponge, *Le Parti Pris des choses*, éd. Gallimard.

1. En quoi le sujet même de ce poème en prose est-il humoristique ? Recherchez les titres d'autres poèmes de ce recueil qui confirment votre réponse.

2. Quelles caractéristiques principales du cageot sont mises en évidence ? Justifiez votre réponse à l'aide d'exemples.

3. Relevez des marques d'humour dans le texte (jeu de mots, jeu de sonorités, personnification, explication faussement sérieuse, etc.)

4. Le poète prend-il son texte au sérieux ? Quelle phrase du texte justifie votre réponse ?

5. Écriture. Évoquez, à la manière de Francis Ponge, un objet usuel sur le mode humoristique.

EXERCICE 3

Rédiger un texte humoristique.

Le monde des adultes : un «Non» majuscule

La narratrice, une adolescente, pose un regard plein d'humour sur la sévérité avec laquelle ses parents l'élèvent.

Ma tante ou la permission. J'adorais la vie à Touques, parce qu'elle était faite d'une succession de petits cadeaux. Ca glissait, ça coulait tout seul, on avait la place pour les coudes. Chez moi, je me cognais sans cesse à un gigantesque NON. L'air raréfié condensait uniquement des atomes négatifs. Non, non non et non, tu n'iras pas voir *West Side Story*[1], tu ne liras pas Françoise Sagan[2], tu ne mettras pas de bas à treize ans, tu vas m'enlever ce noir aux yeux, tu vas venir à table à l'heure, etc. Refuser était le job des parents sur la terre. Je me demandais comment si conditionnés[3], ils avaient pu dire oui une fois à la mairie. Le monde des adultes était un NON majuscule, et les oui n'existaient que dans mes rêves. Alors là ça y allait. Oui oui oui oui... De Poucette[4] grosse comme un pois au pied des grands buildings du NON, d'acier, de verre et de béton, je devenais Princesse du Oui évoluant dans un univers affirmatif, où je passais au milieu d'une haie de courtisans affables[5] qui brandissaient des pancartes, peintes en grandes lettres rouges de : OUI-DA, JAWOHL, YES, SI, OF COURSE[6], pour faire la révérence au pied du trône de mon père le roi JAWOHL pendant qu'un héraut[7] venait se placer derrière moi, déroulait un rouleau de parchemin long comme un tapis, et lisait d'une voix sonore mes requêtes de la semaine, auxquelles le roi acquiesçait d'un hochement de tête attendri (...).

MURIEL CERF, *Les Rois et les Voleurs*, éd. du Mercure de France.

1. *West Side Story* : comédie musicale américaine sortie en France en 1962.
2. Françoise Sagan : écrivain français.
3. Conditionné : prisonnier de ses principes.
4. Poucette : héroïne d'un conte d'Andersen.
5. Affable : d'une politesse aimable.
6. *Oui* en différentes langues.
7. Héraut : messager.

1. Relevez quelques procédés humoristiques et classez-les dans un tableau (concrétisation, exagération, généralisation abusive, incompréhension feinte).

2. L'humour signale souvent une insatisfaction face à la réalité. Quelle forme prend-il dans la deuxième partie du texte ?

3. Écriture. Évoquez à votre tour sur le mode humoristique vos relations avec les adultes. Choisissez la nature de la relation que vous voulez évoquer (autorité excessive, laxisme, indifférence, amour trop possessif...). Trouvez des expressions qui caricaturent l'attitude à laquelle vous vous opposez (exagération, etc.).

2 Un exemple de caractérisation

EXERCICE 4

Repérer et utiliser des antiphrases.

Quel amour d'enfant !

Courteline évoque un enfant dont il subit tous les soirs la présence dans un café.

Il y a aussi un salé[1], âgé d'une vingtaine de mois, lequel, malgré sa grande jeunesse, excelle déjà dans le bel art de faire voltiger sa cuiller par le vide des libres espaces et d'imprimer à sa petite chaise le piétinement successivement monotone, agaçant, puis insupportable, d'une jument qui s'impatiente. Nul doute que cet aimable enfant ait tout à espérer de la vie, car il est plein d'intelligence. Cela se lit sur son visage où revit la flamme paternelle ; mais surtout sa façon de jeter, sans qu'on sache à propos de quoi et à l'instant qu'on s'y attend le moins, des cris perçants de cochon de lait qui s'est pris la queue dans une porte, donne à penser au philosophe, fait augurer avantageusement des séductions de sa conversation encore embryonnaire, hélas !

Du Courteline pour les jeunes, « La gourde », éd. Flammarion.

1. Salé : (langage populaire) petit enfant.

1. Relevez deux comparaisons péjoratives qui ne laissent aucun doute sur les sentiments du narrateur pour l'enfant.

2. Relevez les antiphrases à travers lesquelles s'exprime l'ironie agacée du narrateur.

3. Écriture. Poursuivez le texte en évoquant sur le même mode ironique d'autres clients du café.

EXERCICE 5

Analyser et utiliser les procédés de l'ironie.

De l'horrible danger de la lecture

Au XVIIIe siècle, Voltaire s'insurge contre la censure qui entrave la liberté de penser. Pour cela, il donne la parole à un tyran, qui publie une ordonnance.

À ces causes et autres, pour l'édification des fidèles et pour le bien de leurs âmes, nous leur défendons de jamais lire aucun livre, sous peine de damnation éternelle. Et, de peur que la tentation diabolique ne leur prenne de s'instruire, nous défendons aux pères et aux mères d'enseigner à lire à leurs enfants. Et, pour prévenir toute contravention à notre ordonnance, nous leur défendons expressément de penser, sous les mêmes peines ; enjoignons à tous les vrais croyants de dénoncer à notre officialité[1] quiconque aurait prononcé quatre phrases liées ensemble, desquelles on pourrait inférer un sens clair et net. Ordonnons que dans toutes les conversations on ait à se servir de termes qui ne signifient rien, selon l'ancien usage de la Sublime-Porte.

Donné dans notre palais de la stupidité, le 7 de la lune de Muharem.

VOLTAIRE, « De l'horrible danger de la lecture », *Nouveaux Mélanges*.

1. Officialité : tribunal religieux.

1. Quels sont les différents interdits formulés par cette ordonnance du tyran ?

2. Relevez les termes constituant le champ lexical de la religion. Pourquoi leur présence est-elle si insistante ?

3. Relevez des exemples d'antiphrases et commentez-les.

4. Relevez les absurdités, les incohérences qui soulignent la distance ironique de Voltaire par rapport à ce qu'il écrit.

5. Écriture. Rédigez une ordonnance dénonçant de manière ironique les « horribles dangers » de la musique.

3 Étudier une caricature

EXERCICE 6

Analyser les marques de la caricature.

Monsieur Prudhomme

Il est grave : il est maire et père de famille.
Son faux-col engloutit son oreille. Ses yeux
Dans un rêve sans fin flottent, insoucieux,
Et le printemps en fleur sur ses pantoufles brille.

Que lui fait l'astre d'or, que lui fait la charmille
Où l'oiseau chante à l'ombre, et que lui font les [cieux,
Et les prés verts et les gazons silencieux ?
Monsieur Prudhomme songe à marier sa fille.

Avec Monsieur Machin, un jeune homme cossu.
Il est juste-milieu, botaniste et pansu.
Quant aux faiseurs de vers, ces vauriens, ces [maroufles,
Ces fainéants barbus, mal peignés, il les a
Plus en horreur que son éternel coryza,
Et le printemps en fleur brille sur ses pantoufles.

PAUL VERLAINE.

1. Verlaine utilise le nom *Prudhomme* par dérision. Quelles sont les connotations attachées à ce nom ?

2. Quels sont les deux détails vestimentaires qu'a retenus Verlaine pour décrire son personnage ? En quoi nous renseignent-ils sur les centres d'intérêt de M. Prudhomme ?

3. Énoncez tout ce que M. Prudhomme a en horreur.

4. Expliquez le jeu de mots du premier vers.

5. En quoi le portrait de M. Machin est-il aussi une caricature ?

6. **Écriture.** Rédigez la caricature en prose d'un personnage qui se distingue par un défaut (avarice, prétention, timidité, etc.)

4 Lire des textes parodiques

Exercice 7

Repérer les marques de la parodie.

Discours aux comices agricoles

Dans ce discours d'un conseiller de la préfecture, Flaubert imite jusqu'à la ridiculiser l'éloquence administrative.

« Messieurs,

Qu'il me soit permis d'abord (avant de vous entretenir de l'objet de cette réunion d'aujourd'hui, et ce sentiment, j'en suis sûr, sera partagé par vous tous), qu'il me soit permis, dis-je, de rendre justice à l'administration supérieure, au gouvernement, au monarque, messieurs, à notre souverain, à ce roi bien-aimé à qui aucune branche de la prospérité publique ou particulière n'est indifférente, et qui dirige à la fois d'une main si ferme et si sage le char de l'État parmi les périls incessants d'une mer orageuse, sachant d'ailleurs faire respecter la paix comme la guerre, l'industrie, le commerce, l'agriculture et les beaux-arts.

Le temps n'est plus, messieurs, où la discorde civile ensanglantait nos places publiques, où le propriétaire, le négociant, l'ouvrier lui-même, en s'endormant le soir d'un sommeil paisible, tremblaient de se voir réveillés tout à coup au bruit des tocsins incendiaires, où les maximes les plus subversives sapaient audacieusement les bases… »

Gustave Flaubert, *Madame Bovary*.

1. Quelles sont les expressions qui relèvent de l'éloquence administrative (apostrophes au public, interventions du locuteur, énumérations, accumulations de phrases complexes, parenthèses, métaphores, personnifications) ?

2. Relevez celles qui sont des clichés.

3. **Écriture.** Relevez dans la presse ou à la télévision quelques tics de langage du commentaire sportif (métaphores guerrières, phrases nominales, exagérations, présence du locuteur). Puis rédigez sur le mode parodique un article de journal pour rendre compte d'une importante rencontre sportive.

Exercice 8

Commenter les effets de la parodie.

Que pensent les Français ?

Et pendant quatre ans, peut-être plus, ils explorèrent, interviewèrent, analysèrent. Pourquoi les aspirateurs-traîneaux se vendent-ils si mal ? Que pense-t-on, dans les milieux de modeste extraction, de la chicorée ? Aime-t-on la purée toute faite, et pourquoi ? Parce qu'elle est légère ? Parce qu'elle est onctueuse ? Parce qu'elle est si facile à faire : un geste et hop ? Trouve-t-on vraiment que les voitures d'enfants sont chères ? N'est-on pas toujours prêt à faire un sacrifice pour le confort des petits ? Comment votera la Française ? Aime-t-on le fromage en tube ? Est-on pour ou contre les transports en commun ? À quoi fait-on d'abord attention en mangeant un yaourt : à la couleur ? à la consistance ? au goût ? au parfum naturel ? Lisez-vous beaucoup, peu, pas du tout ? Allez-vous au restaurant ? Aimeriez-vous, madame, donner en location votre chambre à un Noir ? Que pense-t-on, franchement, de la retraite des vieux ? Que pense la jeunesse ? Que pensent les cadres ?

Que pense la femme de trente ans ? Que pensez-vous des vacances ? Où passez-vous vos vacances ? Aimez-vous les plats surgelés ? Combien pensez-vous que ça coûte un briquet comme ça ? Quelles qualités demandez-vous à votre matelas ? Pouvez-vous me décrire un homme qui aime les pâtes ?

GEORGES PEREC, *Les Choses*, éd. Julliard.

1. De quel type de discours moderne ce texte est-il la parodie ?

2. Répertoriez et classez les thèmes des questions. Quelle image nous donnent-ils des préoccupations de la société contemporaine ?

3. Quel est l'effet produit par la construction désordonnée de ce texte ?

5 Étudier le comique de l'absurde

EXERCICE 9

Relever les marques de l'absurde.

M. et Mme Smith

Intérieur bourgeois anglais, avec des fauteuils anglais. Soirée anglaise. M. Smith, Anglais, dans son fauteuil anglais et ses pantoufles anglaises, fume sa pipe anglaise et lit un journal anglais, près d'un feu anglais. Il a des lunettes anglaises, une petite moustache grise, anglaise. À côté de lui, dans un autre fauteuil anglais, Mme Smith, Anglaise, raccommode des chaussettes anglaises. Un long moment de silence anglais. La pendule anglaise frappe dix-sept coups anglais.

MME SMITH. – Tiens, il est neuf heures. Nous avons mangé de la soupe, du poisson, des pommes de terre au lard, de la salade anglaise. Les enfants ont bu de l'eau anglaise. Nous avons bien mangé, ce soir. C'est parce que nous habitons dans les environs de Londres et que notre nom est Smith.

M. SMITH, *continuant sa lecture, fait claquer sa langue.*

MME SMITH. – Les pommes de terre sont très bonnes avec le lard, l'huile de la salade n'était pas rance. L'huile de l'épicier du coin est de bien meilleure qualité que l'huile de l'épicier d'en face, elle est même meilleure que l'huile de l'épicier du bas de la côte. Mais je ne veux pas dire que leur huile à eux soit mauvaise.

M. SMITH, *continuant sa lecture, fait claquer sa langue.*

MME SMITH. – Pourtant, c'est toujours l'huile de l'épicier du coin qui est la meilleure …

M. SMITH, *continuant sa lecture, fait claquer sa langue.*

MME SMITH. – Mary a bien cuit les pommes de terre, cette fois-ci. La dernière fois elle ne les avait pas bien fait cuire. Je ne les aime que lorsqu'elles sont bien cuites.

M. SMITH, *continuant sa lecture, fait claquer sa langue.*

MME SMITH. – Le poisson était frais. Je m'en suis léché les babines. J'en ai pris deux fois. Non, trois fois. Ça me fait aller aux cabinets. Toi aussi tu en as pris trois fois.

EUGÈNE IONESCO, *La Cantatrice chauve*, I, 1, éd. Gallimard.

1. Relevez dans les indications scéniques le procédé qui souligne et crée l'absurde. Comment définiriez-vous l'atmosphère de cet intérieur ?

2. Au théâtre la scène d'exposition a pour rôle de présenter la situation, c'est-à-dire les faits qui vont préparer l'action. En quoi peut-on dire ici que le dramaturge ne respecte pas les règles du jeu ?

3. Commentez la fin de la première intervention de Madame Smith : *C'est parce que nous habitons dans les environs de Londres et que notre nom est Smith.* Qu'est-ce qui apparente cette phrase à celle que l'on pourrait trouver dans une méthode d'enseignement de langue étrangère ? Relevez dans le texte une autre phrase du même type.

4. Relevez tous les éléments qui enlisent la conversation dans un monologue ennuyeux.

5. Quelle image cette entrée en matière donne-t-elle de la vie de Monsieur et Madame Smith ?

CHAPITRE 8

Étudier la logique d'un texte

LIRE ET OBSERVER

Les bons et les mauvais phonographes

ALAIN, *Propos d'un normand*, éd. Gallimard.

Il y a des caractères plus dociles que d'autres, il y a aussi des mémoires qui retiennent mieux ; de même, parmi les phonographes[1], il y en a qui reproduisent en grinçant et en nasillant, d'autres qui, au contraire, imitent merveilleusement les voix. Un bon phonographe, je veux dire un jeune homme disposé naturellement à l'obéissance, formé dès le jeune âge à ne dire que ce qui se dit, doué avec cela d'une collection suffisante de rouleaux vierges, un tel jeune homme est promis aux plus hautes destinées. Toujours il chante l'air qu'on lui demande, et il le chante comme il faut : c'est un recueil de bonnes réponses. Aussi, à toutes les expositions, notre phonographe obtient les plus hautes récompenses ; et, si seulement personne n'a chanté faux devant son pavillon, le voilà admis à l'École Polytechnique[2], qui est un magasin de phonographes réglés et estampillés[3] par l'État.

Cependant, il y a par le monde des phonographes rebelles, qui reproduisent mal, et ajoutent toujours à ce qu'ils chantent quelque chose d'eux-mêmes, des grincements, des sifflements, des bruits non classés qui se produisent avec peine, et mettent au supplice les oreilles bien élevées. L'un vous dit que si on double le côté d'un carré, la surface est aussi doublée ; un autre demande pourquoi une horloge à poids ne se remonte pas elle-même, par l'effet de son mouvement ; un autre voudrait que l'on monte une dynamo sur l'essieu d'une locomotive, afin d'avoir de l'électricité sans qu'il en coûte rien. Pensées confuses, mal conçues, surtout mal exprimées ; pénible travail d'accouchement.

Pourtant l'invention et le progrès sont là en germe, et cette fumée est le signe d'un feu. Je hais les jeunes gens qui ne disent pas de sottises. ■

1. Phonographe : ancêtre de l'électrophone.
2. École Polytechnique : école qui prépare des ingénieurs d'élite.
3. Estampillé : reconnu par un label de qualité.

Repérer

Alain oppose dans cet exposé très structuré ceux que l'on a l'habitude d'appeler les bons élèves aux autres.

La disposition typographique

Le texte est composé de trois paragraphes matérialisés par des alinéas.

Des connecteurs logiques explicites

Encadrés en noir, ils permettent de développer un raisonnement.

Une opposition lexicale

Le champ lexical de l'obéissance et de l'harmonie est souligné en noir.
Le champ lexical de la dissonance et de la difficulté est souligné en vert.

Analyser et rédiger

- Dans ce texte, Alain compare les bons élèves à des phonographes, c'est-à-dire à des machines capables de reproduire ce qu'on leur a enseigné. Il **oppose** à ces jeunes gens les « phonographes rebelles » (l. 14), c'est-à-dire les enfants doués d'inventivité mais peu aptes à se conformer à des modèles de pensée.
- La composition de ce texte est entièrement fondée sur une opposition rigoureuse, suggérée de plusieurs façons. Elle est exprimée **lexicalement** par tout un jeu d'**antonymes** entre les deux premiers paragraphes. Aux enfants « dociles » (l. 1) s'opposent les « rebelles » (l. 14), aux phonographes qui « imitent merveilleusement les voix » (l. 4) ceux qui ne reproduisent que des « grincements » (l. 16), aux « bonnes réponses » (l. 9) des uns s'opposent les « pensées confuses » (l. 22) des autres. Le contraste est souligné **grammaticalement** par l'adverbe « cependant » (l. 14) qui ouvre le deuxième volet de la démonstration. Cette distinction communément admise est remise en question dans le troisième paragraphe lorsque l'auteur affirme sa **thèse** sous forme d'un **paradoxe** : les jeunes gens qui « disent des sottises » sont en réalité les moteurs de la société. L'adverbe « pourtant » (l. 24) signale que l'opinion de l'auteur s'oppose à la façon habituelle de concevoir l'intelligence. Enfin, certaines relations logiques restent **implicites**, elles ne sont exprimées par aucun moyen grammatical : « L'invention est là, en germe, et cette fumée est le signe d'un feu. Je hais les jeunes gens qui ne disent pas de sottises. »
La juxtaposition rend encore plus percutant le lien de cause à effet de la dernière phrase.

R E T E N I R

Les textes destinés à convaincre le lecteur sont construits selon une **logique** qui est au service de la thèse (ou idée principale) à démontrer.

1. La **disposition typographique** traduit cette logique.
Les **paragraphes** découpent le texte en blocs, formant une unité du point de vue du sens. Les **alinéas** (décalage de la première ligne d'un paragraphe) signalent le début de chaque paragraphe. EXERCICE 1

2. Les **connecteurs logiques** relient les événements ou les idées les uns aux autres en établissant des relations logiques. Ils permettent donc de suivre le cheminement de la pensée de l'auteur.
Ces connecteurs logiques peuvent avoir des natures grammaticales différentes :
– adverbes ➤ *alors, ensuite , etc.;*
– conjonction de coordination ➤ *car, or, mais, etc. ;*
– conjonctions de subordination ➤ *quoique, de sorte que, etc.*

Quelques connecteurs logiques

addition	**opposition et concession**	**cause**	**conséquence**
d'une part, d'autre part, de plus, ensuite, enfin, par ailleurs, en outre, non seulement...	mais, en revanche, pourtant, cependant or, alors que, bien que, quoique, malgré, bien que...	car, parce que, comme, en effet, sous prétexte que, à cause de, grâce à, faute de...	donc, dès lors, de sorte que, si bien que, dès lors que, tellement que, tant que, si que...

Parfois ces connecteurs restent **implicites** : ils ne sont pas exprimés par l'auteur. On dit alors que les deux phrases sont juxtaposées. Il faut pourtant bien comprendre la relation logique sous-entendue entre chacune d'elles.
➤ *Il pleut. Je ne sortirai pas.*
(Juxtaposition qui établit un lien de cause à conséquence.) EXERCICES 2 À 5

3. Les **connecteurs temporels** (➤ *puis, alors, enfin...*) signalent, au même titre que les temps des verbes, la succession des événements dans le temps. Ils organisent le texte selon une perspective chronologique. EXERCICES 6 ET 7

4. Les **champs lexicaux** permettent souvent d'identifier les thèmes et les idées présentés par l'auteur. EXERCICE 8

5. C'est en repérant tous ces indices (disposition typographique, connecteurs logiques ou temporels, champs lexicaux) que vous découvrirez le **plan** du texte, sa construction logique. EXERCICES 9 À 11

S'EXERCER ET RÉDIGER

1 La disposition typographique

Exercice 1

Exploiter la disposition typographique d'un texte.

Les contes de fées

Le conte de fées, tout en divertissant l'enfant, l'éclaire sur lui-même et favorise le développement de sa personnalité. Il a tant de significations à des niveaux différents et enrichit tellement la vie de l'enfant qu'aucun autre livre ne peut l'égaler.

J'ai essayé de montrer dans cette étude comment les contes de fées représentent sous une forme imaginative ce que doit être l'évolution saine de l'homme et comment ils réussissent à rendre cette évolution séduisante, pour que l'enfant n'hésite pas à s'y engager. Ce processus de croissance commence par la résistance aux parents et la peur de grandir et finit quand le jeune s'est vraiment trouvé, quand il a atteint l'indépendance psychologique et la maturité morale et quand, ne voyant plus dans l'autre sexe quelque chose de menaçant ou de démoniaque, il est capable d'établir avec lui des relations positives. (…)

Le plaisir et l'enchantement que nous éprouvons quand nous nous laissons aller à réagir à un conte de fées viennent non pas de la portée psychologique du conte (qui y est pourtant pour quelque chose) mais de ses qualités littéraires. (…)

Ils sont uniques, non seulement en tant que forme de littérature, mais comme œuvres d'art qui sont plus que toutes les autres totalement comprises par l'enfant. Comme toute production artistique, le sens le plus profond du conte est différent pour chaque individu, et différent pour la même personne à certaines époques de sa vie.

Bruno Bettelheim,
Psychanalyse des contes de fées, éd. R. Laffont.

1. Quelles sont les trois fonctions du conte qui sont annoncées dans l'introduction et développées ensuite chacune dans un paragraphe ?

2. Montrez que chaque paragraphe représente une unité de sens en relevant le champ lexical qu'il développe.

3. Écriture. Enrichissez le deuxième paragraphe en développant un exemple que vous emprunterez à plusieurs contes exprimant la résistance aux parents.

2 Un exemple de caractérisation

Exercice 2

Repérer et comprendre les connecteurs logiques.

Peindre le réel

Le réaliste, s'il est un artiste, cherchera, non pas à nous montrer la photographie banale de la vie, mais à nous en donner la vision plus complète, plus saisissante, plus probante que la réalité même. Raconter tout serait impossible car il faudrait alors un volume au moins par journée pour énumérer les multitudes d'incidents insignifiants qui emplissent notre existence. Un choix s'impose donc, ce qui est une première atteinte à la théorie de toute la vérité.

La vie, en outre, est composée des choses les plus différentes, les plus imprévues, les plus contraires, les plus disparates ; elle est brutale, sans suite, sans chaîne, pleine de catastrophes inexplicables, illogiques et contradictoires, qui doivent être classées au chapitre « faits divers ». Voilà pourquoi l'artiste, ayant choisi son thème, ne prendra dans cette vie encombrée de hasards et de futilités que les détails caractéristiques utiles à son sujet, et il rejettera tout le reste, tout l'à côté.

Guy de Maupassant, *Pierre et Jean.*

1. Quelle définition Maupassant donne-t-il de l'artiste réaliste ?

2. *Raconter tout serait impossible*, ajoute Maupassant. Pourquoi ? Trouvez les deux raisons avancées par l'auteur et relevez les connecteurs logiques qui les introduisent.

3. Exprimez ces relations à l'aide d'un autre moyen grammatical.

4. Quelle conséquence tire-t-il de cette impossibilité ?

5. Cette conséquence est exprimée à deux reprises dans le texte. Citez les passages qui l'expriment. Relevez les deux connecteurs logiques qui l'introduisent.

Exercice 3

Rétablir des relations logiques implicites.

La liberté

De toutes les idées-forces que la Révolution lance dans le monde, liberté conquise est la plus populaire. On ergotera longtemps encore sur les conditions matérielles de la prise de la Bastille : la signification symbolique et historique du geste collectif est sans ambiguïté. Avec cette citadelle, c'est tout l'arbitraire de l'Ancien Régime qui s'écroule : l'an I de la liberté commence.

Michel Vovelle, « La Révolution, 1789-1799 », Georges Duby (dir. publ.), *Histoire de la France des origines à nos jours*, éd. Larousse.

Dans cet extrait d'un livre d'histoire, l'auteur a juxtaposé ses phrases. Exprimez les relations logiques restées sous-entendues en utilisant certains de ces mots : *puis, mais, par conséquent, certes, donc, en effet.*

Exercice 4

Expliciter des relations logiques.

Relations familiales

Lucile, la quatrième de mes sœurs, avait deux ans de plus que moi. Cadette délaissée, sa parure ne se composait que de la dépouille de ses sœurs. (…)

Elle me fut livrée comme un jouet : je n'abusai point de mon pouvoir : au lieu de la soumettre à mes volontés, je devins son défenseur. On me conduisait tous les matins avec elle chez les sœurs Coupart, deux vieilles bossues habillées de noir, qui montraient à lire aux enfants. Lucile lisait fort mal, je lisais encore plus mal. On la grondait : je griffais les sœurs ; grandes plaintes portées à ma mère. Je commençais à passer pour un vaurien, un révolté, un paresseux, un âne enfin. Ces idées entraient dans la tête de mes parents ; mon père disait que tous les chevaliers de Chateaubriand avaient été des fouetteurs de lièvres[1], des ivrognes et des querelleurs. Ma mère soupirait et grognait en voyant le désordre de ma jaquette. Tout enfant que j'étais, le propos de mon père me révoltait : quand ma mère couronnait ses remontrances par l'éloge de mon frère qu'elle appelait un Caton[2], un héros, je me sentais disposé à faire tout le mal qu'on semblait attendre de moi.

François-René de Chateaubriand, *Mémoires d'outre-tombe.*

1. Fouetteur de lièvre : bon chasseur.
2. Caton : homme d'État romain.

1. *Je griffais les sœurs ; grandes plaintes portées à ma mère.* (l. 13). Unissez ces deux phrases d'abord par un rapport de cause, puis de conséquence en utilisant une conjonction de coordination puis de subordination.

2. Beaucoup d'autres relations logiques restent implicites dans cet extrait. Explicitez-les en utilisant un connecteur logique aux endroits encadrés dans le texte. Faites toutes les modifications grammaticales nécessaires.

3. Pourquoi l'auteur a-t-il choisi de ne pas les expliciter ?

4. Énumérez toutes les raisons évoquées par le narrateur pour expliquer son mauvais comportement.

5. Écriture. Rédigez un paragraphe d'une vingtaine de lignes dans lequel vous analyserez les raisons de votre comportement en classe face à votre travail, ou à la maison face à vos parents. Vous varierez le plus possible l'expression de la relation de cause *(comme, puisque, à cause de, grâce à, étant donné que...)*.

Exercice 5

Découvrir et respecter l'ordre logique d'un texte.

Les fonctions sociale de la presse

La lecture de la presse est un dialogue avec le monde. Les nouvelles qu'elle apporte, les idées qu'elle suggère, les sentiments qu'elle touche brisent l'isolement des individus ; par là, les journaux contribuent à leur meilleure intégration dans la société et favorisent leur participation à la vie collective. Lors même que, comme aujourd'hui, les journaux ne sont plus directement des organes idéologiques, ils aident à la diffusion des valeurs politiques et morales, et donc participent au fonctionnement de la vie sociale. En imposant collectivement à ses lecteurs les mêmes thèmes de réflexion que les événements de la grande ou de la petite actualité offrent au jour le jour, la presse harmonise leurs réactions et équilibre, en quelque sorte, la conscience collective. Ce n'est pas un phénomène négligeable que la presse fournisse la matière de beaucoup de conversations.

Article « Presse », *Encyclopédie Larousse.*

1. Les propositions suivantes résument le texte sans en suivre l'ordre. Retrouvez cet ordre initial.
a) *La presse suscite le dialogue.*
b) *Bien que moins partisans qu'autrefois, les journaux contribuent toujours à véhiculer les idéaux d'une société.*
c) *En faisant circuler informations et pensées, la presse favorise la communication indispensable à toute vie sociale.*
d) *Le discours de presse, fondé sur quelques idées fortes, crée une unité de pensée.*

2. Exprimez les relations logiques qui existent entre ces propositions afin de mettre en lumière la progression du raisonnement.

3 Étudier l'organisation chronologique d'un texte

Exercice 6

Expliciter les marques temporelles.

La mort d'un géant

Le vieux lâcha la ligne et mit son pied dessus. Il souleva le harpon aussi haut qu'il put. De toutes ses forces, augmentées de la force nouvelle qu'il venait d'invoquer, il le planta dans le flanc du poisson, derrière la grande nageoire pectorale qui se dressait en l'air à la hauteur de sa poitrine. Il sentit le fer entrer, s'appuya et pesa de tout son poids pour qu'il pénétrât jusqu'au fond.

Le poisson, la mort dans le ventre, revint à la vie. Dans un ultime déploiement de beauté et de puissance, ce géant fit un bond fantastique.

Ernest Hemingway, *Le Vieil Homme et la Mer*, trad. J. Dutourd, éd. Gallimard.

1. Relevez les verbes qui décrivent les actions. Quel effet l'auteur tire-t-il de leur juxtaposition ?

2. Écriture. Récrivez le texte en utilisant des connecteurs temporels variés pour souligner la succession chronologique des actions. Quel est l'effet produit par ce nouveau texte ?

Exercice 7

Choisir une présentation chronologique.

Le livre est-il menacé ?

Nous sommes les enfants des livres. Nous les aimons. Ils nous ont faits, nous en faisons. Chaque année, depuis déjà un bon bout de temps, on nous annonce la mort du roman. Voilà qu'on fait mieux : c'est tous les livres qui vont disparaître. Et le comble, c'est que c'est vrai ! (...)

C'est triste. Mais pas trop. Les livres auront joué un rôle inouï dans l'histoire des hommes de la Bible au *Discours de la méthode*[1], du Coran au *Capital*[2] et à tous romans, épiques, comiques, policiers ou anglais, qui nous ont tant enchantés, ils auront changé la vie. Pour ma part, je leur reste fidèle et je me battrai pour leur survie. Et pour celle de la lecture, école de la vie, bonheur sans pareil, source de tout vrai savoir.

Mais ce qui compte dans les livres, c'est moins les pages, le papier, les caractères et les signes (...) que les histoires qu'ils racontent et les mots qu'ils charrient. Ces histoires et ces mots ne périront pas avec les livres. Ils survivront sous d'autres formes, dans des disques, dans des cassettes, dans des machines électroniques ou interactives, encore inconnues.

JEAN D'ORMESSON, © *Le Figaro 9632051*, 2 février 1995.

1. *Discours de la méthode :* ouvrage de R. Descartes.
2. *Le Capital :* principal livre de K. Marx.

1. Expliquez l'emploi du futur antérieur et du futur simple dans les deuxième et troisième paragraphes.

2. Résumez l'idée principale de ces deux paragraphes en proposant un titre pour chacun d'eux.

3. Cherchez un article de presse qui présente un sujet sous un angle historique.

4. Écriture. Rédigez deux paragraphes comparant les loisirs d'hier et d'aujourd'hui.

4 Le rôle des champs lexicaux

EXERCICE 8

Utiliser les oppositions lexicales pour trouver le plan.

Relisez attentivement le texte de Victor Hugo de l'exercice 5 p. 32.

1. Cherchez le sens du mot *antithèse* dans le dictionnaire et expliquez la première phrase du texte.

2. Quelle est la fonction du premier paragraphe ?

3. Quels connecteurs logiques annoncent chaque paragraphe suivant ? Quel type de plan préparent-ils ?

4. Relevez les oppositions lexicales qui confirment votre réponse.

5 Établir le plan

EXERCICE 9

Disposer un devoir en paragraphes.

Vivre dans le « monde du oui »

Beaucoup d'enfants et de jeunes rêvent, comme l'auteur, d'un « monde du oui ». Est-il facile, cependant, de vivre dans ce monde, au point de ne plus vouloir le quitter ? Pourquoi attire-t-il tellement ? Quels problèmes peut-on y rencontrer ? D'abord, dans le « monde du oui », les adultes autorisent les enfants à satisfaire tous leurs caprices. Ils ne se fâchent plus et ne punissent plus. Cela facilite leurs rapports avec les enfants. Ainsi, on entendra souvent les enfants se baser sur ce critère pour juger leurs instituteurs : « Je n'aime pas madame Untel parce qu'elle crie tout le temps. » Ensuite, ce « monde du oui » permet aux enfants de devenir autonomes plus tôt. Ils peuvent toucher à tout et ils apprendront vite la cause des interdictions qu'on aurait pu leur faire. En effet, on ne peut apprendre à se servir des allumettes que si l'on essaie, même si l'on doit se brûler les doigts. On notera aussi que le « monde du oui » est un monde de liberté. L'enfant peut faire ce qu'il veut sans que les adultes protestent. Les élans de spontanéité ne se heurtent pas à des refus catégoriques. S'il rentre tard de l'école, par exemple, il aura besoin de faire des bêtises sitôt à la maison. Mais le monde du oui, s'il comporte de nombreux avantages, a aussi ses inconvénients. Ce monde ne permet pas de s'opposer à une autorité. Les jeunes ont un désir de révolte qu'ils ne peuvent pas satisfaire si, de toute façon, ils ont le droit de tout faire. N'est-il pas amusant de devoir attendre que la porte se referme derrière les parents, le mercredi matin, pour allumer la télévision ? La difficulté est aussi dans les décisions importantes que l'enfant devra prendre seul puisque ses parents ne veulent rien lui imposer. Il lui faudra décider sans bénéficier de l'expérience de ses parents qui l'aurait, sans doute, beaucoup aidé, notamment pour le choix de ses études. Enfin, l'enfant ne connaît pas les limites entre ce qu'il peut et ne peut pas faire parce qu'on ne les lui a pas signalées. Il devra donc les découvrir seul. La ponctualité, entre autres choses, doit s'apprendre assez tôt afin de pouvoir arriver à l'heure à un examen. Pour ma part, je pense que les parents doivent savoir faire la part de la sévérité et du laxisme. Le monde idéal serait peut-être le « monde du oui mais ».

1. Cette rédaction est un devoir rédigé par un élève de troisième. Retrouvez-en le sujet.

2. Retrouvez les paragraphes de ce devoir afin de faire apparaître les étapes de la réflexion de l'élève. Distinguez d'abord l'introduction et la conclusion. Donnez un titre à chaque paragraphe.

3. En vous appuyant sur un repérage précis des connecteurs logiques annonçant chaque nouvelle idée, indiquez les endroits du texte qui auraient dû être matérialisés par un paragraphe distinct.

Exercice 10

Faire le plan d'un texte.

Les tricheurs

Il y a cent façons de tricher, mais il n'y a guère que trois sortes de tricheurs.

Tout d'abord, il y a le joueur qui triche – qui ne triche que parce qu'il joue. Qui le fait sans méthode, sans préméditation, d'une manière presque inconsciente, involontaire, et dont on sent très bien qu'il est parfaitement honnête en dehors du jeu.

Il y a l'homme qui joue incorrectement parce qu'il est incorrect d'un bout à l'autre de la vie – et qui doit penser que ce n'est vraiment pas le moment de cesser de l'être !

Enfin, il y a le tricheur de profession, conscient et organisé.

Cette espèce-là, la seule intéressante en somme, se divise elle-même en trois sortes d'individus : le tricheur solitaire, le tricheur en association à deux, et celui qui fait partie d'une bande de tricheurs.

La triche solitaire a de gros avantages, et c'est assurément celle que je préfère.

La triche à deux offre des possibilités tout de suite plus grandes, mais elle est pleine de dangers et d'aléas. Le partage des bénéfices est matière constante à discussion et vous êtes sans cesse à la merci de votre associé – à sa discrétion.

La triche en bande vous offre d'une part une sécurité qui n'est certes pas négligeable, car en dehors de votre participation, dont le pourcentage varie selon vos aptitudes, vous avez un fixe qui vous assure l'existence. Mais, d'autre part, si vous n'êtes pas l'un des deux ou trois grands patrons, vous êtes astreints à des déplacements fatigants, à des besognes ennuyeuses. Joueur hier à Ostende, vous pouvez être aujourd'hui croupier à Paris-Plage, demain valet de pied à Biarritz. Vous ne pouvez jamais prendre aucune initiative, bien entendu, et vous faites partie de cette bande comme on fait partie d'un mécanisme.

Sacha Guitry, *Mémoires d'un tricheur*, éd. Gallimard.

1. *Il y a cent façons de tricher, mais il n'y a guère que trois sortes de tricheurs.* Quelle relation logique unit ces deux propositions ?

2. Exprimez cette même relation à l'aide d'une autre conjonction de subordination. Faites attention au mode du verbe.

3. En vous appuyant sur une observation minutieuse de la disposition typographique et des connecteurs logiques, établissez le plan de ce texte.

Exercice 11

Mettre un devoir sous forme de plan.

Relisez le devoir d'élève proposé dans l'exercice 9 p. 58. Retrouvez-en le plan détaillé de façon à faire apparaître la rigueur de la construction.

Rédiger un texte narratif

CHAPITRE

9 Écrire un récit

LIRE ET OBSERVER

Un héros amoureux

Voltaire, *Zadig*.

Voltaire situe son conte philosophique dans Babylone, célèbre capitale du Moyen-Orient.

Zadig, avec de grandes richesses, et par conséquent avec des amis, ayant de la santé, une figure aimable, un esprit juste et modéré, un cœur sincère et noble, crut qu'il pouvait être heureux. Il devait se marier à Sémire, que sa beauté, sa naissance et sa fortune rendaient le premier parti de Babylone. Il avait pour elle un attachement solide et vertueux, et Sémire l'aimait avec passion. Ils touchaient au moment fortuné qui allait les unir, lorsque, se promenant ensemble vers une porte de Babylone, sous les palmiers qui ornaient le rivage de l'Euphrate, ils virent venir à eux des hommes armés de sabres et de flèches. C'étaient les satellites[1] du jeune Orcan, neveu d'un ministre, à qui les courtisans de son oncle avaient fait accroire que tout lui était permis. Il n'avait aucune des grâces ni des vertus de Zadig ; mais, croyant avoir beaucoup mieux, il était désespéré de n'être pas préféré. Cette jalousie, qui ne venait que de sa vanité, lui fit penser qu'il aimait éperdument Sémire. Il voulait l'enlever. Les ravisseurs la saisirent, et dans les emportements de leur violence ils la blessèrent, et firent couler le sang d'une personne dont la vue aurait attendri les tigres du mont Imaüs[2]. Elle perçait le ciel de ses plaintes. Elle s'écriait : « Mon cher époux ! on m'arrache à ce que j'adore. » Elle n'était point occupée de son danger : elle ne pensait qu'à son cher Zadig. Celui-ci, dans le même temps, la défendait avec toute la force que donnent la valeur et l'amour. Aidé seulement de deux esclaves, il mit les ravisseurs en fuite, et ramena chez elle Sémire évanouie et sanglante, qui en ouvrant les yeux vit son libérateur. Elle lui dit : « O Zadig, je vous aimais comme mon époux, je vous aime comme celui à qui je dois l'honneur et la vie. » ■

les personnages
le narrateur
les aventures

1. Satellite : homme de main chargé d'exécuter les volontés de son chef.
2. Mont Imaüs : nom certainement inventé par Voltaire. Il s'agit peut-être de l'Himalaya.

Analyser

Habile conteur, Voltaire met en place, dès les premières lignes de *Zadig*, les éléments essentiels au bon déroulement du récit : un **narrateur** qui installe des **personnages** dans leurs **aventures**.

Un narrateur qui juge

Le narrateur n'apparaît pas directement dans le récit mais sa présence est sensible dans ses commentaires. Ainsi, à travers un jugement plein d'ironie sur la fausse amitié, *avec de grandes richesses, et par conséquent avec des amis* (l. 1), il se fait le porte-parole de l'auteur.

Un récit d'aventures

L'action se déroule selon une progression marquée principalement par la conjonction *lorsque* (l. 7) et le passage de l'imparfait au passé simple (l. 9). Les événements racontés s'enchaînent de façon chronologique en suivant un schéma narratif. La **situation initiale** montre Zadig et Sémire heureux. Puis surgit un **événement perturbateur** : Orcan veut faire enlever Sémire. Des **péripéties** se succèdent alors, qui aboutissent à une **situation finale** heureuse : la victoire de Zadig sur les hommes de main d'Orcan et la gratitude de Sémire.

Des personnages qui ont une identité et un rôle

Le récit comporte trois personnages principaux (Zadig, Sémire et Orcan) dont on peut aisément établir l'identité (nom, apparence physique, caractère, situation sociale). Le narrateur n'en développe pas le portrait mais en donne les caractéristiques indispensables pour les identifier et justifier leurs actes. Ainsi, les défauts d'Orcan – jalousie, vanité – l'amènent à se conduire avec violence et mépris.
Chacun des personnages joue un rôle dans le récit : Zadig est le **héros** du récit. Sémire est l'**objet** de la mission de Zadig. Il doit en effet l'arracher des mains des satellites d'Orcan, qui joue un rôle d'**opposant**. Voltaire, dans un souci d'efficacité et de concision, ne met en scène que les personnages indispensables au déroulement du conte.

RETENIR

Pour écrire un récit, vous devez :

1. choisir un narrateur.

Le narrateur raconte l'histoire ; il se distingue de l'auteur (la personne réelle qui écrit le livre) et du personnage.

Il existe trois types de narrateurs :
– le narrateur qui s'exprime à la troisième personne (*il*) et qui semble totalement **absent du récit**.

➤ *Maître Renard s'empara du fromage ;*

– le narrateur qui s'exprime à la troisième personne (*il*) mais qui est **présent dans le récit** à travers des commentaires ou des jugements.

➤ *Maître Renard, qui n'était point sot, s'empara du fromage ;*

– le narrateur qui s'exprime à la première personne (*je*). C'est **un des personnages** du récit.

➤ *Je vis Maître Renard s'emparer du fromage.*

EXERCICES 1 À 4

2. raconter le déroulement d'une action.

Une action est la succession des faits ou des événements qui composent un récit. Elle est en général **chronologique** et soulignée par des **marques temporelles** :
– adverbes (➤ *d'abord, puis, enfin*) ;
– groupes nominaux (➤ *ce matin-là*) ;
– système des temps.

EXERCICE 5

Le récit utilise en alternance le **passé simple** et l'**imparfait**. Le passé simple met en relief une action de premier plan, souvent courte, alors que l'imparfait exprime une action de second plan, plus longue ou répétitive (cf. chapitre 5).

L'action d'un récit suit, le plus souvent, le **schéma narratif** :

Situation initiale (équilibre)	**Perturbation** (démarrage du récit)	**Péripéties** (actions pour rétablir l'équilibre)	**Situation finale** (nouvel équilibre)

EXERCICE 6

3. mettre en scène des personnages.

On attribue aux personnages :
– **une identité** : nom, âge, caractéristiques physiques, morales ou sociales ;

EXERCICE 7

– **un rôle** : un personnage peut être le **sujet** (le héros), l'**objet** (que l'on cherche à conquérir), l'**adjuvant** (qui aide le héros) ou l'**opposant** (l'ennemi du héros). Des objets, des éléments naturels ou des êtres imaginaires peuvent jouer ces rôles.

EXERCICES 8 ET 9

S'EXERCER ET RÉDIGER

1 Identifier et choisir un narrateur

EXERCICE 1

Identifier le type de narrateur.

Les débuts de Gil Blas

Blas de Santillane, mon père, après avoir longtemps porté les armes pour le service de la monarchie espagnole, se retira de la ville où il avait pris naissance. Il y épousa une petite bourgeoise qui n'était plus dans sa première jeunesse, et je vins au monde dix mois après leur mariage. Ils allèrent ensuite demeurer à Oviedo, où ma mère se mit femme de chambre, et mon père écuyer.

ALAIN-RENÉ LESAGE, *Gil Blas de Santillane* (1715-1735).

L'Eldorado

Candide et Cacambo montent en carrosse ; les six moutons volaient, et en moins de quatre heures on arriva au palais du roi, situé à un bout de la capitale. Le portail était de deux cent vingt pieds de haut, et de cent de large ; il est impossible d'exprimer quelle en était la matière. On voit assez quelle supériorité prodigieuse elle devait avoir sur ces cailloux et sur ce sable que nous nommons or et pierreries.

VOLTAIRE, *Candide* (1759).

Le prince

Elle avait ouï parler de ce prince à tout le monde comme de ce qu'il y avait de mieux fait et de plus agréable à la Cour ; et surtout Madame la Dauphine le lui avait dépeint d'une sorte et lui en avait parlé tant de fois, qu'elle lui avait donné de la curiosité et même de l'impatience de le voir.

Elle passa tout le jour des fiançailles chez elle à se parer, pour se trouver le soir au bal et au festin royal qui se faisait au Louvre.

MADAME DE LA FAYETTE, *La Princesse de Clèves* (1678).

1. Indiquez qui sont l'auteur, le narrateur et le personnage de chacun de ces récits. Justifiez vos réponses.

2. Choisissez dans la liste suivante les caractéristiques du narrateur de chacun de ces textes :

a) *Il sait tout de l'histoire racontée.*
b) *Il donne une réalité au personnage.*
c) *Il intervient directement dans le récit.*
d) *Il permet au lecteur de s'identifier au personnage.*
e) *Il prend de la distance par rapport à ce qu'il raconte.*
f) *Il donne au récit un aspect objectif.*
g) *Il fait vivre les événements de l'intérieur.*

EXERCICE 2

Justifier le choix du narrateur.

La disparition d'Honoré Subrac

En dépit des recherches les plus minutieuses, la police n'est pas arrivée à élucider le mystère de la disparition d'Honoré Subrac.

Il était mon ami, et comme je connaissais la vérité sur son cas, je me fis un devoir de mettre la justice au courant de ce qui s'était passé. Le juge qui recueillit mes déclarations prit avec moi, après avoir écouté mon récit, un ton de politesse si épouvantée que je n'eus aucune peine à comprendre qu'il me prenait pour un fou. Je le lui dis. Il devint plus poli encore, puis, se levant, il me poussa vers la porte, et je vis son greffier, debout, les poings serrés, prêt à sauter sur moi si je faisais le forcené.

Je n'insistai pas. Le cas d'Honoré Subrac est, en effet, si étrange que la vérité paraît incroyable. On a appris par les récits des journaux que Subrac passait pour un original. L'hiver comme l'été, il n'était vêtu que d'une houppelande[1] et n'avait aux pieds que des pantoufles.

GUILLAUME APOLLINAIRE, *L'Hérésiarque et Cie*, éd. Stock.

1. Houppelande : manteau large, long et sans manches.

1. De quel type de récit pouvez-vous rapprocher le début de cette nouvelle ? Justifiez votre réponse.

2. Identifiez l'auteur et le narrateur. À quelle personne s'adresse ce dernier ? Qu'apporte au récit le choix d'un tel narrateur ?

3. Quelles impressions produit le récit du narrateur sur les autres personnages ?

4. Écriture. En tenant compte des analyses que vous venez de faire, imaginez la suite du texte. Vous expliquerez en quoi *le cas d'Honoré Subrac est si étrange* et dans quelles circonstances il a disparu.

Exercice 3

Choisir un narrateur.

Extrait de l'ouvrage *Berceuse électrique*, Ted Benoit / © Casterman

1. Repérez les différents éléments de cette vignette en répondant aux questions suivantes : *Qui ? Quand ? Où ? Quoi ? Pourquoi ? Comment ?* Vous imaginerez les réponses que la vignette ne vous fournit pas.

2. Écriture. Racontez de trois façons l'action illustrée par cette vignette en choisissant chaque fois un type de narrateur différent *(3 paragraphes de 10 lignes)*.

Exercice 4

Jouer avec un auteur et ses personnages.

Élémentaire, mon cher Watson

[Holmes] eut un vague sourire.

– Il ne s'agit nullement d'une plaisanterie : pendant que vous et moi, nous étions ici, chez le docteur Manson, nous étions aussi chez nous – ce n'est pas plus compliqué que ça. Et c'est bien la preuve que la théorie de l'ubiquité est élémentaire.

Je ne puis m'empêcher d'élever la voix :

– Élémentaire ! Holmes, vous ne manquez pas d'audace ! En d'autres circonstances, je vous suivrais comme je vous ai toujours suivi. Néanmoins, dans le cas présent…

– Qu'est-ce qui vous choque ?

– Mais tout, Holmes, tout ! Écoutez, si je me trouvais par je ne sais quel prodige à la fois ici et ailleurs, je le saurais !

– C'est vous qui le dites. Le docteur Manson est là pour le démentir.

Grant s'éclaircit la gorge. Sa mâchoire inférieure se mit à trembler et il eut du mal à articuler ses mots.

– Vous… vous prétendez que la théorie de l'ubiquité est élémentaire… J'aimerais savoir pourquoi au juste.

La réplique de Holmes fut immédiate.

– Parce que nous ne sommes que des personnages romanesques. Nous tous rassemblés dans cette belle bibliothèque au cœur de Londres, et en particulier Watson et moi, nous n'existons que par la volonté de sir Arthur et de ses innombrables émules. Enfin, mes chers amis, vous n'ignorez pas que tout est possible dans le monde de l'imaginaire, y compris l'impossible. Sans quoi, qui s'intéresserait à nous ?

J.-B. Boronian, *La Théorie de l'ubiquité*, éd. J.-B. Boronian.

1. À quoi tient la parodie du roman policier dans cet extrait ?

2. Identifiez l'auteur, le narrateur, les personnages.

3. Expliquez le sens du mot *ubiquité*.

4. Écriture. Les personnages d'un roman se révoltent contre leur auteur. Écrivez le dialogue qui les oppose (*20 lignes*).

2 Raconter le déroulement d'une action

Exercice 5

Repérer les marques temporelles d'un récit.

L'étranger

Ce jour-là, le 3 septembre 1867 exactement – date qui resterait à jamais gravée dans sa mémoire – Jean, avec la charrette, avait quitté la ferme dès 4 heures du matin pour aller aux foins du côté des prairies des « Plans ». La journée, déjà, était bien entamée quand le garçon, tout occupé à faucher, aperçut au bout du champ un homme qui l'observait. Tout d'abord, peu accoutumé à rencontrer âme qui vive par ici, il s'immobilisa un moment sur sa faux pour mieux scruter l'ombre qui s'avançait vers lui. Mais bientôt il sourit, car les souliers de l'homme, visiblement, ne convenaient pas à cette prairie.

D'après Anne Valleys, *Jean de Mexico*, D.R.

1. Relevez les marques temporelles :
a) *qui situent le récit à une époque ;*
b) *qui se réfèrent au déroulement de la journée ;*
c) *qui indiquent une pause dans le récit ;*
d) *qui accompagnent la progression du récit.*

2. Relevez l'expression qui indique une anticipation, c'est-à-dire une projection dans l'avenir.

3. Classez les mots ou locutions suivants dans les trois grandes catégories de marques temporelles : situation à une époque, progression du récit, anticipation ou retour en arrière.
le 10 août 1870, enfin, ce matin-là, la veille, soudain, puis, deux ans plus tard, peu après, au bout d'un moment, quelque temps auparavant, à l'époque de la moisson, trois ans auparavant, à la fin de l'été.

4. Écriture. Poursuivez ce récit en utilisant au moins quatre marques temporelles différentes *(10 lignes)*. Aidez-vous, si vous le souhaitez, de la question précédente.

Exercice 6

Inventer des péripéties.

La sonnette d'alarme

J'étais debout dans le couloir, en arrêt devant une plaque émaillée énumérant la réglementation du mode et de l'emploi autorisé du signal d'alarme et j'en étais arrivé à l'article stipulant une amende de cent francs en cas d'usage abusif de ce frein de secours, quand ma main se porta d'elle-même sur la poignée peinte en rouge et tira fort, de haut en bas. J'étais curieux de voir ce qui allait arriver. J'avais préparé les cent francs, un billet que je tenais à la main. J'aurais pu imaginer une catastrophe mais, sans elle, je jure que j'en ai eu pour mon argent ! Le train s'arrêta en effet sur un stop violent, après avoir patiné sur toutes ses roues sur quelque cent mètres, lâchant de la vapeur qui fusait en sifflant de partout. Il y eut un brusque coup de recul et ce fut la ruée des voyageurs qui voulaient se rendre compte de ce qui se passait. Les portières claquaient. On courait sur le ballast. On s'interpellait. Les passagers de mon wagon sortaient peureusement de leurs compartiments en se frottant le front qui avaient reçu leur propre valise sur la tête, reluquaient[1] dans le couloir, s'interrogeant l'un l'autre, chuchotant, me dévisageant, et je devinais qu'un chacun était convaincu que c'était moi l'auteur de cette frasque[2], de cette incartade[2], et que tous savaient que j'avais agi pour rire. Et soudain fit irruption dans le wagon et se rua sur moi comme poussé par une bande d'émeutiers qui se bousculaient dans le couloir derrière son dos en hurlant : « C'est lui ! c'est lui ! on l'a vu !... », le chef de train, avec sa belle sacoche rouge sur le ventre, un crayon-encre et un livre de procès-verbal à la main.

Blaise Cendrars, *Le Lotissement du ciel*, éd. Denoël.

1. Reluquer : regarder du coin de l'œil avec curiosité.
2. Frasque, incartade : écart de conduite.

1. À partir des temps des verbes dans la première phrase, distinguez la situation initiale et la perturbation qui fait démarrer le récit.

2. Identifiez la première péripétie.

3. Justifiez l'alternance de l'imparfait et du passé simple dans la suite du texte.

4. Qu'est-ce qui a poussé le narrateur à tirer la sonnette d'alarme ?

5. Comment réagissent les autres personnages à cette *incartade* ?

6. Écriture. Écrivez la suite du texte. Vous résoudrez la péripétie amorcée, vous en inventerez une autre et proposerez une situation finale (*30 lignes*).

3 Mettre en scène des personnages

EXERCICE 7

Établir l'identité d'un personnage.

Un homme complet

Cyrus Smith, originaire du Massachusset, était un ingénieur, un savant de premier ordre, auquel le gouvernement de l'Union[1] avait confié, pendant la guerre, la direction des chemins de fer, dont le rôle stratégique fut si considérable. Véritable Américain du nord, maigre, osseux, efflanqué, âgé de quarante-cinq ans environ, il grisonnait déjà par ses cheveux ras et par sa barbe, dont il ne conservait qu'une épaisse moustache. Il avait une de ces belles têtes « numismatiques », qui semblent faites pour être frappées en médailles, les yeux ardents, la bouche sérieuse, la physionomie d'un savant de l'école militante. C'était un de ces ingénieurs qui ont voulu commencer par manier le marteau et le pic, comme ces généraux qui ont voulu débuter simples soldats. Aussi, en même temps que l'ingéniosité de l'esprit, possédait-il la suprême habileté des mains.

JULES VERNE, *L'Ile mystérieuse.*

1. Pendant la guerre de Sécession, l'Union représentait les États du Nord, opposés aux États sudistes.

1. Établissez la carte d'identité la plus complète possible de Cyrus Smith en remplissant les rubriques suivantes :
nom, nationalité, âge, profession, aspect physique, caractère, signes particuliers.

2. Complétez la carte d'identité des personnages suivants :
– *Anastasia Dimitrovna.*
Profession : danseuse étoile.
– *Eugène Dupont.*
Signe particulier : déteste le foie de veau.
– *Corinne Pauvart.*
Trait de caractère : coléreuse et rancunière.
– *Joao Ribeiro. Nationalité : Brésilien.*
– *Antoine Filou. Âge : dix ans.*

3. Écriture. Imaginez la rencontre de deux de ces personnages en les faisant agir selon leurs caractéristiques *(15 lignes).*

EXERCICE 8

Analyser et mettre en scène des personnages.

Une vieille dame imperturbable

Solange est dans la rue. Elle se laisse porter par le courant, le flot continu des gens. Rien ne la presse, rien ne l'oblige à soutenir le rythme mais elle le soutient. C'est ainsi. C'est ainsi depuis toujours.

Devant, sur le grand boulevard, le flot s'est ralenti. Quelque chose empêche son écoulement. On piétine. L'ordre naturel, la cadence sont menacés. Personne n'aime cela, à cette heure, un changement de parcours ou de rythme, à cause de quelque chose qui bloque, qui empêche.

Solange à son tour parvient à la hauteur de ce quelque chose. Surprise : une vieille dame. C'est donc elle, cette infime brindille, la fautrice de ce trouble ?

Solange se laisse dépasser. (...) Une impulsion la pousse soudain à régler ses pas sur ceux de la vieille dame imperturbable qui va à son côté, une jambe après l'autre, très consciencieusement, tout en mesure, pesant chaque pression du pied sur le bitume, dans un balancement doux du corps, la tête un peu inclinée comme pour écouter le froufrou régulier de sa robe en crêpe marine contre les bas de coton clair. Les cheveux blancs fixés en chignon bas sous le chapeau, bleu lui aussi, les gants de filet assortis au petit sac en cuir tressé, tout a été minutieusement pensé pour que la promenade soit élégante.

La vieille dame en bleu va tranquille, tenue par une sorte de dignité, indifférente à l'agitation qui l'entoure. Elle flâne, ostensiblement quoique sans agressivité, tandis que les autres courent.

Solange progressivement s'est mise au diapason. Elle a réduit ses enjambées, cherché son propre balancement. Chacun de ses pas prend maintenant une autre saveur. La lenteur leur donne un goût nouveau.

Noëlle Châtelet, *La Dame en bleu*, éd. Stock.

1. Relevez tout ce qui oppose les deux personnages principaux. Cherchez les oppositions lexicales. Relevez une marque grammaticale de cette opposition et donnez sa valeur. Comparez la construction et le rythme des phrases qui évoquent Solange et celles qui décrivent la vieille dame.

2. Relevez et classez toutes les sensations qui sont associées à la description de la vieille dame.

3. Expliquez l'expression *Solange s'est mise au diapason* (l. 36).

4. Écriture. Complétez le texte en donnant de plus amples informations sur Solange. Précisez, à la manière d'un narrateur omniscient, le passé de Solange et le but qu'elle poursuit (*15 lignes*).

5. Écriture. Imaginez la suite du texte (*30 lignes*).

Exercice 9

Repérer le rôle des personnages.

La reine du bal

C'était un soir du printemps de 182*. Tout Rome était en mouvement : M. le duc de B***, ce fameux banquier, donnait un bal dans son nouveau palais de la place de Venise. (...)

Une jeune fille que l'éclat de ses yeux et ses cheveux d'ébène proclamaient Romaine entra conduite par son père ; tous les regards la suivirent. Un orgueil singulier éclatait dans chacun de ses mouvements. (...)

Parmi tant de femmes remarquables il fut question de décider quelle était la plus belle : le choix resta quelque temps indécis ; mais enfin la princesse Vanina Vanini, cette jeune fille aux cheveux noirs et à l'œil de feu, fut proclamée la reine du bal. Aussitôt les étrangers et les jeunes Romains, abandonnant tous les autres salons, firent foule dans celui où elle était.

Son père, le prince don Asdrubale Vanini, avait voulu qu'elle dansât d'abord avec deux ou trois souverains d'Allemagne. Elle accepta ensuite les invitations de quelques Anglais fort beaux et fort nobles ; leur air empesé l'ennuya. Elle parut prendre plus de plaisir à tourmenter le jeune Livio Savelli qui semblait fort amoureux. C'était le jeune homme le plus brillant de Rome, et de plus lui aussi était prince ; mais, si on lui eût donné à lire un roman, il eût jeté le volume au bout de vingt pages, disant qu'il lui donnait mal à la tête. C'était un désavantage aux yeux de Vanina.

Vers le minuit une nouvelle se répandit dans le bal, et fit assez d'effet. Un jeune carbonaro, détenu au fort Saint-Ange[1], venait de se sauver le soir même, à l'aide d'un déguisement (...).

Comme on racontait cette anecdote, Don Livio Savelli, ébloui des grâces et des succès de Vanina, avec laquelle il venait de danser, lui disait en la reconduisant à sa place, et presque fou d'amour :

– Mais, de grâce, qui donc pourrait vous plaire ?

– Ce jeune carbonaro qui vient de s'échapper, lui répondit Vanina ; au moins celui-là a fait quelque chose de plus que de se donner la peine de naître.

Stendhal, *Vanina Vanini*.

1. Fort Saint-Ange : prison.

1. Qui est le héros de ce début de roman ? Quels sont ses deux caractères principaux ?

2. Quel devrait être, selon Asdrubale Vanini, l'objet de la quête du héros ?

3. Quel est l'objet réel de la quête ?

4. Quels obstacles se présentent déjà ?

5. Écriture. En tenant compte du rôle de chaque personnage, écrivez la suite du texte (*30 lignes*).

CHAPITRE

10 Enrichir un récit

LIRE ET OBSERVER

Le ruban volé

JEAN-JACQUES ROUSSEAU, *Les Confessions.*

Le narrateur, employé comme laquais, a volé un ruban.

On voulut savoir où je l'avais pris. Je me trouble, je balbutie, et enfin je dis, en rougissant, que c'est Marion qui me l'a donné. Marion était une jeune Mauriennoise dont Mme de Vercellis avait fait sa cuisinière, quand, cessant de donner à manger, elle avait renvoyé la sienne, ayant plus de besoin de bons bouillons que de ragoûts fins. Non seulement Marion était jolie, mais elle avait une fraîcheur de coloris qu'on ne trouve que dans les montagnes, et surtout un air de modestie et de douceur qui faisait qu'on ne pouvait la voir sans l'aimer. D'ailleurs bonne fille, sage, et d'une fidélité à toute épreuve. C'est ce qui surprit quand je la nommai. L'on n'avait guère moins de confiance en moi qu'en elle, et l'on jugea qu'il importait de vérifier lequel était le fripon des deux. On la fit venir ; l'assemblée était nombreuse, le comte de La Roque y était. Elle arrive, on lui montre le ruban, je la charge effrontément, elle reste interdite, se tait, me jette un regard qui aurait désarmé les démons et auquel mon barbare cœur résiste. Elle nie enfin avec assurance, mais sans emportement, m'apostrophe, m'exhorte à rentrer en moi-même, à ne pas déshonorer une fille innocente qui ne m'a jamais fait de mal ; et moi, avec une impudence infernale, je confirme ma déclaration, et lui soutiens en face qu'elle m'a donné le ruban. La pauvre fille se mit à pleurer, et ne me dit que ces mots : « Ah ! Rousseau, je vous croyais un bon caractère. Vous me rendez bien malheureuse, mais je ne voudrais pas être à votre place. » Voilà tout. (…) Cette modération, comparée à mon ton décidé, lui fit tort. Il ne semblait pas naturel de supposer d'un côté une audace aussi diabolique, et de l'autre une aussi angélique douceur. On ne parut pas se décider absolument, mais les préjugés étaient pour moi. Dans le tracas où l'on était, on ne se donna pas le temps d'approfondir la chose ; et le comte de La Roque, en nous renvoyant tous deux, se contenta de dire que la conscience du coupable vengerait assez l'innocent. Sa prédiction n'a pas été vaine ; elle ne cesse pas un seul jour de s'accomplir. ■

description
événement
commentaire
paroles rapportées

Analyser et rédiger

Cette anecdote autobiographique pourrait se résumer en une phrase : Jean-Jacques Rousseau, ayant volé un ruban, accuse injustement la cuisinière du larcin. Il choisit pourtant de l'enrichir au point qu'elle est devenue un épisode-clé de ses *Confessions*.

Un jugement moral

Par l'**opposition des champs lexicaux**, le narrateur caractérise les personnages : un vocabulaire élogieux (souligné en noir) qualifie la jeune fille, tandis que des termes très péjoratifs (soulignés en vert) décrivent son propre comportement. En portant sur lui-même un regard sans complaisance, il cherche à se décharger d'un insupportable sentiment de culpabilité.

Une description symbolique

Face à un accusateur *diabolique* (l. 24), la jeune Marion a tout d'une sainte qui subit, sans révolte, le martyre : *un regard qui aurait désarmé les démons* (l. 14), *une aussi angélique douceur* (l. 25).

Des paroles pathétiques

Rapportées au discours direct, elles mettent en scène la victime innocente (l. 21 et 22) et donnent à la scène une tonalité pathétique.

RETENIR

Pour **enrichir un récit** vous pouvez :

1. insérer des commentaires sur les événements ou les personnages.
Les commentaires utilisent le vocabulaire appréciatif (jugements), affectif (émotions) ou explicatif (explications) ; EXERCICES 1 À 3

2. décrire les lieux ou les personnages.
Vous choisirez des éléments essentiels et les organiserez pour planter un décor ou présenter un personnage selon un point de vue donné et en fonction de l'impression que vous voulez créer ; EXERCICES 4 À 6

3. animer le récit par des paroles rapportées avec :
– le **discours direct** qui rapporte les paroles telles qu'elles ont été prononcées. Il interrompt le cours du récit et crée une impression d'authenticité en mettant en scène le personnage qui parle. Le **dialogue** est une forme développée du discours direct ;
– le **discours indirect** qui rapporte les paroles par l'intermédiaire d'un narrateur. Il ressemble syntaxiquement au récit *(➤ subordonnée conjonctive, temps du récit)* et permet de résumer des paroles sans interrompre la dynamique du récit ;
– le **discours indirect libre** qui possède toutes les marques grammaticales du discours indirect, sauf celles de la subordination. EXERCICES 7 ET 8

S'EXERCER ET RÉDIGER

1 Insérer des commentaires

EXERCICE 1

Analyser et rédiger un commentaire appréciatif.

Dîner chez les notables

On annonça le dîner. Julien, déjà fort mal disposé, vint à penser que, de l'autre côté du mur de la salle à manger, se trouvaient de pauvres détenus, sur la portion de viande desquels on avait peut-être *grivelé*[1] pour acheter tout ce luxe de mauvais goût dont on voulait l'étourdir.

Ils ont faim peut-être en ce moment, se dit-il à lui-même ; sa gorge se serra, il lui fut impossible de manger et presque de parler. Ce fut bien pis un quart d'heure après ; on entendait de loin en loin quelques accents d'une chanson populaire, et, il faut l'avouer, un peu ignoble, que chantait l'un des reclus. M. Valenod regarda un de ses gens en grande livrée, qui disparut, et bientôt on n'entendit plus chanter. Dans ce moment, un valet offrait à Julien du vin du Rhin, dans un verre vert, et Mme Valenod avait soin de lui faire observer que ce vin coûtait neuf francs la bouteille pris sur place. Julien, tenant son verre vert, dit à M. Valenod :

– On ne chante plus cette vilaine chanson.

– Parbleu ! je le crois bien, répondit le directeur triomphant, j'ai fait imposer silence aux gueux.

Ce mot fut trop fort pour Julien ; il avait les manières, mais non pas encore le cœur de son état. Malgré toute son hypocrisie si souvent exercée, il sentit une grosse larme couler le long de sa joue.

STENDHAL, *Le Rouge et le Noir.*

1. Griveler : tirer des profits illégaux, frauder.

1. Relevez les jugements que porte le narrateur sur Julien. Choisissez dans la liste suivante deux adjectifs qui illustrent l'opinion qu'il a du jeune homme :
méprisable, courageux, indifférent, sympathique, naïf, respectable, hypocrite, sans cœur, tendre, sensible.

2. Que signifie la phrase : *il avait les manières mais non pas encore le cœur de son état* (l. 27) ?

3. Quel jugement Julien porte-t-il sur le dîner auquel il participe ? Par quel procédé s'exprime ce jugement : métaphore, antithèse ou comparaison ?

4. Trouvez les trois adjectifs qui caractérisent le mieux le regard que Julien porte sur cette société :
scandalisé, attristé, impressionné, écœuré, intimidé, choqué, ébahi, interloqué, déconcerté.

5. À quoi Julien est-il le plus sensible lors de ce dîner ? Justifiez votre réponse en citant le texte.

6. Écriture. Imaginez et rédigez une suite à ce texte dans laquelle M. Valenod fait part à ses invités de son mépris envers les détenus dont il a la garde *(15 lignes)*.

EXERCICE 2

Analyser et rédiger un commentaire affectif.

Réminiscences

Montboissier, juillet 1817.

Hier au soir je me promenais seul, le ciel ressemblait à un ciel d'automne ; un vent froid soufflait par intervalles. À la percée d'un fourré, je m'arrêtai pour regarder le soleil : il s'enfonçait dans des nuages au-dessus de la tour d'Alluye, d'où Gabrielle, habitante de cette tour, avait vu comme moi le soleil se coucher il y a deux cents ans. Que sont devenus Henri et Gabrielle ? Ce que je serai devenu quand ces *Mémoires* seront publiés.

Je fus tiré de mes réflexions par le gazouillement d'une grive perchée sur la plus haute branche d'un bouleau. À l'instant, ce son magique fit reparaître à mes yeux le domaine paternel ; j'oubliai les catastrophes dont je venais d'être le témoin, et, transporté subitement dans le passé, je revis ces campagnes où j'entendis si souvent siffler la grive. Quand je l'écoutais alors, j'étais triste de même qu'aujourd'hui ; mais cette première tristesse était celle qui naît d'un désir vague de bonheur, lorsqu'on est sans expérience ; la tristesse que j'éprouve actuellement vient de la connaissance des choses appréciées et jugées.

François-René de Chateaubriand,
Mémoires d'outre-tombe.

1. Ce texte évoque principalement les souvenirs du narrateur. Il ne comporte que trois phrases de récit. Relevez-les en vous aidant des verbes conjugués au passé simple.

2. Qui est le narrateur de ce récit et à quel type appartient-il ? Relevez les indices à l'intérieur et hors du texte qui vous ont permis de répondre.

3. Quel événement déclenche les commentaires du narrateur ? Quel est le sentiment dominant de celui-ci ?

4. Relevez tous les connecteurs temporels du deuxième paragraphe. Quelle est leur fonction ?

5. Écriture. La découverte d'un objet oublié vous rappelle un souvenir heureux. Racontez les circonstances de cette découverte puis analysez les émotions qui naissent alors en vous *(20 lignes)*.

Exercice 3

Analyser et rédiger un commentaire explicatif.

Le volcan

Je le suivis dans un dernier élan et, en quelques minutes, j'eus gravi le pic qui dominait d'une dizaine de mètres toute cette masse rocheuse.

Je regardai ce côté que nous venions de franchir. La montagne ne s'élevait que de sept à huit cents pieds au-dessus de la plaine ; mais de son versant opposé, elle dominait d'une hauteur double le fond en contrebas de cette portion de l'Atlantique. Mes regards s'étendaient au loin et embrassaient un vaste espace éclairé par une fulguration violente. En effet, c'était un volcan que cette montagne. À cinquante pieds au-dessous du pic, au milieu d'une pluie de pierres et de scories, un large cratère vomissait des torrents de lave, qui se dispersaient en cascade de feu au sein de la masse liquide. Ainsi posé, ce volcan, comme un immense flambeau, éclairait la plaine inférieure jusqu'aux dernières limites de l'horizon.

J'ai dit que le cratère sous-marin rejetait des laves, mais non des flammes. Il faut aux flammes l'oxygène de l'air, et elles ne sauraient se développer sous les eaux ; mais des coulées de lave, qui ont en elles le principe de leur incandescence, peuvent se porter au rouge blanc, lutter victorieusement contre l'élément liquide et se vaporiser à son contact. De rapides courants entraînaient tous ces gaz en diffusion, et les torrents laviques glissaient jusqu'au bas de la montagne, comme les déjections du Vésuve sur un autre Torre del Greco.

Jules Verne, *20 000 lieues sous les mers.*

1. Étudiez la composition de ce passage en indiquant les parties de narration, celles de description et celles de commentaire.

2. Relevez tous les mots ou expressions qui décrivent le volcan.

3. Quels sont les indices qui vous ont permis de repérer le commentaire explicatif ? Résumez les informations qu'il donne au lecteur.

4. Ce commentaire vous paraît-il avoir sa place dans le récit ? Argumentez votre réponse.

5. Écriture. Complétez le texte suivant en inventant le nom d'un jeu et en en donnant les règles sous la forme d'un commentaire explicatif *(15 lignes)* :
La salle enfumée était vide à l'exception de quatre hommes assis autour d'une table, dans un angle peu éclairé. Sur la feutrine d'un vert fané était posé un jeu de...

2 Décrire un lieu ou un personnage

Exercice 4

Organiser une description.

L'orage

Cette année-là, le lendemain du bal, un orage éclata. Le ciel jusque-là imperturbablement bleu se couvrit de nuages sombres qui filaient d'un bout à l'autre de l'horizon, pourchassés par le vent d'est. Le tonnerre gronda, effrayant les chiens, rabattant les gens vers la maison. Puis la pluie se mit à tomber, tout de suite violente, à larges gouttes pressées, tièdes. Les rues, les ruelles devinrent autant de ruisseaux dont l'eau dévalait des plus hautes aux plus basses maisons du village.

Enfermés chez eux, les Suvianais regardaient tomber l'averse en soulevant les voilages de leurs fenêtres.

SUZANNE PROU, *Le Pré aux narcisses*, éd. Calmann-Lévy.

1. Qui voit la scène décrite : un des villageois ou un narrateur placé au-dessus de la scène ? Justifiez votre réponse.

2. Relevez les éléments que l'auteur a choisis pour décrire le ciel, le village. Proposez cinq autres éléments qu'il aurait pu choisir pour décrire chacun de ces deux lieux. Justifiez le choix de l'auteur.

3. Caractérisez la composition de cette description en vous aidant des types d'organisation suivants. Vous pouvez en associer deux :
a) *général au particulier, particulier au général ;*
b) *de haut en bas, de bas en haut ;*
c) *du premier plan à l'arrière plan, de l'arrière plan au premier plan ;*
d) *de droite à gauche, de gauche à droite.*

4. Écriture. Décrivez ce que vous voyez de la fenêtre de votre chambre en faisant apparaître nettement la composition que vous aurez choisie. *(15 lignes.)*

Exercice 5

Rédiger une description.

Germination

Après l'échec de la grève des mineurs qu'il a organisée, Étienne quitte la mine, blessé mais enrichi par une inoubliable expérience humaine.

Mais Étienne, quittant le chemin de Vandame, débouchait sur le pavé. À droite, il apercevait Montsou qui dévalait et se perdait. En face, il avait les décombres de Voreux, le trou maudit que trois pompes épuisaient sans relâche. Puis, c'étaient les autres fosses à l'horizon, la Victoire, Saint-Thomas, Feutry-Cantel ; tandis que, vers le nord, les tours élevées des hauts fourneaux et les batteries des fours à coke fumaient dans l'air transparent du matin. S'il voulait ne pas manquer le train de huit heures, il devait se hâter, car il avait encore six kilomètres à faire.

Et, sous ses pieds, les coups profonds, les coups obstinés des rivelaines[1] continuaient. Les camarades étaient tous là, il les entendait le suivre à chaque enjambée. N'était-ce pas la Maheude, sous cette pièce de betteraves, l'échine cassée, dont le souffle montait si rauque, accompagné par le ronflement du ventilateur ? À gauche, à droite, plus loin, il croyait en reconnaître d'autres, sous les blés, les haies vives, les jeunes arbres. Maintenant, en plein ciel, le soleil d'avril rayonnait dans sa gloire, échauffant la terre qui enfantait. Du flanc nourricier jaillissait la vie, les bourgeons crevaient en feuilles vertes, les champs tressaillaient de la poussée des herbes. De toutes parts, des graines se gonflaient, s'allongeaient, gerçaient la plaine, travaillées d'un besoin de chaleur et de lumière. Un débordement de sève coulait avec des voix chuchotantes, le bruit des germes s'épandait en un grand baiser. Encore, encore, de plus en plus distinctement, comme s'ils se fussent rapprochés du sol, les camarades tapaient. Aux rayons enflammés de l'astre, par cette matinée de jeunesse, c'était de cette rumeur que la campagne était grosse. Des hommes poussaient, une armée noire, vengeresse, qui germait lentement dans les sillons, grandissant pour les récoltes du siècle futur, et dont la germination allait faire bientôt éclater la terre.

Émile Zola, *Germinal.*

1. Rivelaine : pic de mineur.

1. Qui voit la scène décrite : un narrateur placé au-dessus de la scène ou Étienne ?

2. Relevez les marques spatiales du premier paragraphe. Puis dessinez un schéma sur lequel vous placerez d'abord Étienne puis tous les lieux nommés.

3. Relevez, dans le deuxième paragraphe, les éléments qui composent d'une part l'espace du dessus, d'autre part l'espace du dessous. Quelle impression évoquent-ils ?

4. Nommez la figure de style utilisée dans l'expression *la terre qui enfantait* (l. 26). Trouvez-en trois autres exemples dans les lignes 27 à 35.

5. Par quelle figure de style l'auteur évoque-t-il les relations entre l'homme et la nature ? Quel est l'effet créé ?

6. Expliquez, en quelques mots, la valeur symbolique de cette description qui sert de conclusion au roman. En quoi permet-elle de comprendre le sens du titre, *Germinal* ?

7. Écriture. Vous vous promenez seul(e) dans une forêt qui se trouve soudain plongée dans le brouillard. Décrivez la métamorphose du paysage en créant une impression de fantasmagorie *(20 lignes)*.

Exercice 6

Rédiger un portrait.

L'incendie

Bouvard contemplait l'incendie en pleurant doucement. Ses yeux disparaissaient sous leurs paupières gonflées, et il avait tout le visage comme élargi par la douleur. Mme Bordin, en jouant avec les franges de son châle vert, l'appelait : « Pauvre Monsieur », tâchait de le consoler. Puisqu'on n'y pouvait rien, il devait se faire une raison.

Pécuchet ne pleurait pas. Très pâle, ou plutôt livide, la bouche ouverte et les cheveux collés par la sueur froide, il se tenait à l'écart, dans ses réflexions. Mais le curé, survenu tout à coup, murmura d'une voix caline :

« Ah ! quel malheur, véritablement ! c'est bien fâcheux ! Soyez sûr que je participe !... »

Les autres n'affectaient aucune tristesse. Ils causaient en souriant, la main étendue devant les flammes.

Gustave Flaubert, *Bouvard et Pécuchet.*

1. Qui voit cette scène : un narrateur qui voit tout et sait tout, un personnage, un observateur extérieur ? Justifiez votre réponse.

2. Relevez dans cet extrait un mot ou une expression qui représente :
une partie du corps, un trait de caractère, un geste, un vêtement, le ton de la voix, un sentiment.

3. Relevez les termes qui décrivent Bouvard et Pécuchet. Caractérisez leur réaction face à l'incendie en répartisssant les mots suivants entre chacun d'eux :
la colère, la douleur, la rancune, la rage, le soupçon, le désespoir, la détresse, la passivité.

4. Pourquoi Flaubert fait-il des deux personnages un portrait statique (immobile) plutôt que dynamique (en mouvement) ?

5. Relevez les deux seules phrases du texte au style direct. Quelles informations donnent-elles sur ceux qui les prononcent ?

6. Écriture. Poursuivez ce texte en faisant le portrait de l'un des autres qui *n'affectaient aucune tristesse.*

3 Rapporter les paroles des personnages

Exercice 7

Distinguer les différents discours.

Père et fils

Comme il me paraissait vieux, Papa ! Pouvait-il jamais avoir été jeune, jeune comme moi ? « À ton âge... » Je ne l'imaginais pas à mon âge. En fait, je ne voulais être comme personne de ma famille, je me voyais et me voulais unique. Quant à la jeunesse de mon père, cela me gênait d'y penser. Mon père amoureux…

Avec l'innocence des parents qui essaient de communiquer avec ces inconnus, leurs fils et leurs filles, il me demandait discrètement ce qui m'intéressait le plus dans la vie. De ma vocation, plus un mot, mais de timides efforts pour comprendre le garçon mystérieux.

– Peintre, lui dis-je un jour que nous étions seuls, je veux être peintre.

– Peintre ? Bravo. Pourquoi pas ? Tu as toujours aimé le dessin. Il faudra consulter Ludovic qui est artiste. Il te dira ce qu'il faut faire.

JULIEN GREEN, *Jeunes Années*, éd. du Seuil.

1. Classez les phrases soulignées dans les trois catégories suivantes : discours direct, indirect, indirect libre. Quels indices vous ont permis de faire ce classement ?

2. Récrivez chacune de ces phrases dans les deux autres catégories de discours.

3. Écriture. À la manière de Julien Green, écrivez un court dialogue entre un adulte et vous-même à propos de votre avenir. Vous utiliserez les trois types de discours.

EXERCICE 8

Insérer un dialogue dans un récit.

Le lapin sauvage

J'étais le premier, l'incomparable dans mon île aérienne ; je tombai au dernier rang quand on me soumit aux règles communes.

Mon grand-père avait décidé de m'inscrire au Lycée Montaigne. Un matin, il m'emmena chez le proviseur et lui vanta mes mérites : je n'avais que le défaut d'être *trop* avancé pour mon âge. Le proviseur donna les mains[1] à tout : on me fit entrer en huitième et je pus croire que j'allais fréquenter les enfants de mon âge. Mais non : après la première dictée, mon grand-père fut convoqué en hâte par l'administration ; il revint enragé, tira de sa serviette un méchant papier couvert de gribouillis, de taches et le jeta sur la table : c'était la copie que j'avais remise. On avait attiré son attention sur l'orthographe – « le lapen çovache ême le ten[2] » – et tenté de lui faire comprendre que ma place était en dixième préparatoire. Devant « lapen çovache » ma mère prit le fou rire ; mon grand-père l'arrêta d'un regard terrible. Il commença par m'accuser de mauvaise volonté et par me gronder pour la première fois de ma vie, puis il déclara qu'on m'avait méconnu ; dès le lendemain, il me retirait du lycée et se brouillait avec le proviseur.

JEAN-PAUL SARTRE, *Les Mots*, éd. Gallimard.

1. Donna les mains : accepta.
2. Le lapin sauvage aime le thym *(Note de J.-P. Sartre)*.

1. Nommez les trois personnages présents lorsque le grand-père rentre à la maison avec la dictée. Indiquez, d'après le contexte, le caractère de chacun d'eux. Qui, à votre avis, parle le plus ?

2. Un personnage absent a joué un rôle important au début de cet épisode. Qui est-il ? Quel a été son rôle ?

3. Dégagez les différents moments de la discussion familiale en indiquant chaque fois l'état d'esprit du grand-père.

4. Relevez deux verbes qui introduisent les paroles du grand-père au discours indirect. Transposez ces paroles au discours direct.

5. Voici une liste de verbes qui permettent d'introduire des paroles. Attribuez-en au moins trois à chacun des personnages en fonction de leur caractère et de la situation.
gronder, murmurer, balbutier, tonner, gémir, protester, répliquer, chuchoter, soupirer, déclarer, accuser, plaisanter, s'indigner, rétorquer, s'étonner.

6. Relevez trois expressions qui indiquent des gestes ou des attitudes. Imaginez les paroles qui pourraient leur être associées.
Ex. : Mon grand-père jeta la copie sur la table en s'exclamant…

7. Écriture. Récrivez la discussion entre le grand-père, la mère et l'enfant sous la forme d'un dialogue qui respecte la progression du récit et le caractère des personnages.

CHAPITRE 11

Rédiger une suite de texte

LIRE ET OBSERVER

Une grande peur

GUSTAVE FLAUBERT, *Un cœur simple.*

Un soir d'automne, on s'en retourna par les herbages.

La lune à son premier quartier éclairait une partie du ciel, et un brouillard flottait comme une écharpe sur les sinuosités de la Toucques. Des bœufs, étendus au milieu du gazon, regardaient tranquillement ces quatre personnes passer. Dans la troisième pâture quelques-uns se levèrent, puis se mirent en rond devant elles. « Ne craignez rien ! » dit Félicité ; et, murmurant une sorte de complainte, elle flatta sur l'échine celui qui se trouvait le plus près ; il fit volte-face, les autres l'imitèrent. Mais, quand l'herbage suivant fut traversé, un beuglement formidable s'éleva. C'était un taureau, que cachait le brouillard. Il avança vers les deux femmes ; Mme Aubain allait courir. « Non ! non ! moins vite ! » Elles pressaient le pas cependant, et entendaient par-derrière un souffle sonore qui se rapprochait. Ses sabots, comme des marteaux, battaient l'herbe de la prairie ; voilà qu'il galopait maintenant ! Félicité se retourna, et elle arrachait à deux mains des plaques de terre qu'elle lui jetait dans les yeux ; il baissait le mufle, secouait les cornes et tremblait de fureur en beuglant horriblement. Mme Aubain, au bout de l'herbage avec ses deux petits, cherchait éperdue comment franchir le haut bord. Félicité reculait toujours devant le taureau, et continuellement lançait des mottes de gazon qui l'aveuglaient, tandis qu'elle criait : « Dépêchez-vous ! dépêchez vous ! ».

Mme Aubain descendit le fossé, poussa Virginie, Paul ensuite, tomba plusieurs fois en tâchant de gravir le talus, et à force de courage y parvint.

Le taureau avait acculé Félicité contre une claire-voie ; sa bave lui rejaillissait à la figure, une seconde de plus il l'éventrait. Elle eut le temps de se couler entre deux barreaux, et la grosse bête, toute surprise, s'arrêta. ■

Péripétie 1 → Péripétie 2 → Péripétie 3 → Péripétie 4 → Péripétie 5 → Péripétie 6 → Situation finale →

Analyser

Imaginons que Gustave Flaubert ait laissé son récit en attente. Lorsqu'il le reprend à la ligne 15, il relit attentivement ce qu'il a déjà écrit pour rédiger une suite cohérente.

Des éléments à conserver

Des éléments assurent la **cohérence** entre les deux parties du texte :
– le **thème** (traversée d'un pâturage compromise par l'agressivité d'un taureau) et le **cadre** (le soir et la prairie) ;
– le **narrateur** (extérieur au récit) et les **personnages** (Félicité, Mme Aubain, les deux enfants) ;
– le **mode d'écriture** (alternance du passé simple et de l'imparfait, présence du discours direct).

Des éléments à inventer

Des éléments nouveaux apparaissent dans la suite du récit :
– le pâturage qui servait de simple décor est repris de façon dramatisée : il est désormais fermé par un fossé, un talus, une claire-voie, qui constituent l'obstacle à franchir ;
– les caractéristiques des personnages sont développées. Ainsi, le sang-froid de Félicité, au début de l'épisode, ne se dément pas par la suite. Elle fait même preuve de courage et d'audace ;
– six nouvelles péripéties aboutissent à une situation finale. C'est cet enchaînement logique, fondé sur l'alternance des actions des trois protagonistes (Félicité, Mme Aubain et le taureau), qui donne son rythme au texte.

RETENIR

Rédiger une suite de texte suppose deux étapes :

1. l'analyse minutieuse du texte de départ pour en respecter :

– le thème et le cadre ; EXERCICES 1 ET 2
– le type de narrateur et l'identité des personnages (cf. chap. 13) ; EXERCICE 3

2. l'invention d'une suite qui :

– réutilise des éléments pertinents ; EXERCICE 4
– reprend des procédés d'écriture ; EXERCICE 5
– développe les caractéristiques des personnages ; EXERCICE 6
– enchaîne des péripéties ; EXERCICE 7
– conclut le récit.
Une situation finale conclut l'épisode de façon logique ou surprenante (la chute), fermée (l'histoire est finie) ou ouverte (l'histoire redémarre). EXERCICE 8

S'EXERCER ET RÉDIGER

1 Respecter le texte de départ

EXERCICE 1

Respecter le thème.

L'oncle du narrateur entreprend d'accrocher un tableau en mettant à contribution toute la famille. Après un premier essai malheureux, il recommence.

Après une demi-heure passée à le panser, à lui acheter un autre verre ; quand les outils, l'escabeau, la chaise, la chandelle avaient été apportés à pied d'œuvre, l'oncle faisait un nouvel essai, toute la famille (y compris la bonne et la femme de ménage) faisant cercle autour de lui, prête à rendre service. Deux personnes étaient chargées de tenir la chaise ; une troisième l'aidait à monter, à se tenir dessus ; la quatrième lui passait un clou, et naturellement, le laissait tomber.

« Là, disait-il, comme offensé, voilà un clou perdu ! »

Nous avions à nous mettre tous à genoux, à ramper et à nous traîner, pendant qu'il demeurait, lui, tout droit sur la chaise, bougonnant et voulant savoir si on avait l'intention de le laisser « droguer[1] » là toute la soirée.

Enfin on retrouvait le clou ; mais, dans l'intervalle, l'oncle avait égaré son marteau.

JEROME K. JEROME, *Trois hommes dans un bateau*, éd. Hachette.

1. Droguer : attendre.

1. Caractérisez le thème de ce récit en choisissant, dans la liste suivante, le titre qui vous semble le mieux convenir. Justifiez votre choix.
un tyran domestique, un bricoleur expert, beaucoup de bruit pour un tableau, une famille unie, un bricoleur tyrannique, un bricoleur maladroit, les joies du bricolage.

2. Relevez six actions qui illustrent le *nouvel essai* de l'oncle.

3. Reproduisez le schéma narratif de la p. 64 et situez-y les événements racontés.

4. Écriture. Imaginez et rédigez en quelques lignes les événements qui ont précédé la première phrase du texte.

5. Écriture. Poursuivez le texte de K. Jerome en y ajoutant quatre événements dans le respect de ceux imaginés par l'auteur *(15 lignes)*.

EXERCICE 2

Respecter le thème et le cadre.

Fête au Louvre

Le lundi, dix-huitième jour du mois d'août 1572, il y avait grande fête au Louvre.

Les fenêtres de la vieille demeure royale, ordinairement si sombres, étaient ardemment éclairées ; les places et les rues attenantes, habituellement si solitaires, dès que neuf heures sonnaient à Saint-Germain-l'Auxerrois, étaient, quoiqu'il fût minuit, encombrées de populaire.

Tout ce concours menaçant, pressé, bruyant, ressemblait, dans l'obscurité, à une mer sombre et houleuse dont chaque flot faisait une vague grondante ; cette mer, épandue sur le quai, où elle se dégorgeait par la rue des Fossés-Saint-Germain et par la rue de l'Astruce, venait battre de son flux le pied des murs du Louvre et de son reflux la base de l'hôtel de Bourbon qui s'élevait en face. (...) La cour célébrait les noces de madame Marguerite de Valois, fille du roi Henri II et sœur du roi Charles IX, avec Henri de Bourbon, roi de Navarre.

ALEXANDRE DUMAS, *La Reine Margot*.

1. Quel est le thème principal de cet extrait ? S'agit-il d'un roman autobiographique, psychologique ou historique ?

2. Repérez l'antithèse qui fonde le texte à travers l'étude des lieux, des personnages et de l'éclairage.

3. Relevez les marques temporelles contenues dans ce texte.

4. Relevez, parmi les expression suivantes, les seules qui conviendraient pour écrire la suite du texte :

a) *des ampoules colorées décoraient la façade du Louvre ;*

b) *soudain un carrosse s'engouffra dans la rue de l'Astruce ;*

c) *à l'angle de la rue Marengo ;*

d) *on apercevait, dans le lointain, les flèches de Notre-Dame ;*

e) *un cavalier vêtu de noir contournait l'Arc de Triomphe ;*

f) *au coin de la rue Montesquieu.*

5. **Écriture.** Poursuivez cette description en respectant le thème et le cadre choisis par l'auteur *(15 lignes).*

Exercice 3

Respecter le narrateur et les personnages.

Retour à Kouroussa

Le narrateur, qui vient de réussir son certificat d'étude professionnel, revient, au bout d'une longue année, à Kouroussa, son village, où l'attendent ses parents.

Mais tandis que mes parents me pressaient sur leur cœur, tandis que ma mère se réjouissait peut-être plus de mon retour que du diplôme conquis, je n'avais pas trop bonne conscience, et spécialement vis-à-vis de ma mère.

C'est qu'avant mon départ de Conakry, le directeur de l'école m'avait fait appeler et m'avait demandé si je voulais aller en France pour y achever mes études. J'avais répondu oui d'emblée – tout content, j'avais répondu oui ! – mais je l'avais dit sans consulter mes parents, sans consulter ma mère. Mes oncles, à Conakry, m'avaient dit que c'était une chance unique et que je n'eusse pas mérité de respirer si je ne l'avais aussitôt acceptée. Mais qu'allaient dire mes parents, et ma mère plus particulièrement ? Je ne me sentais aucunement rassuré. J'attendis que nos effusions se fussent un peu calmées, et puis je m'écriai, – je m'écriai comme si la nouvelle devait ravir tout le monde :

« Et ce n'est pas tout : le directeur se propose de m'envoyer en France !

– En France ! dit ma mère. »

Et je vis son visage se fermer.

« Oui. Une bourse me sera attribuée : il n'y aura aucun frais pour vous.

– Il s'agit bien de frais ! dit ma mère. Quoi ! tu nous quitterais encore ?

– Mais je ne sais pas, dis-je. »

Et je vis bien – et déjà je me doutais bien – que je m'étais fort avancé, fort imprudemment avancé en répondant « oui » au directeur.

« Tu ne partiras pas ! dit ma mère. »

Camara Laye, *L'Enfant noir,* éd. Plon.

1. Quel est le type de narrateur de ce texte ? Citez deux indices qui vous ont permis de répondre. Le roman est-il psychologique, autobiographique, policier ou historique ?

2. Relevez dans la liste suivante les seules phrases que le narrateur pourrait dire dans la suite du texte :

a) *J'étais très ennuyé.*

b) *Ma mère songeait avec désespoir : « Je vais encore perdre mon fils. »*

c) *Il dit au revoir à ses parents, les larmes aux yeux.*

d) *Je ne voulais à aucun prix partir sans l'accord de ma mère.*

e) *Mon père me regardait, pensif.*

f) *Son père décida de prendre son parti.*

g) *Ma mère pâlit soudain.*

3. Nommez les deux protagonistes de ce texte. Ils poursuivent chacun un but différent : lequel ?

4. Attribuez aux deux personnages des traits de caractère choisis dans la liste suivante :

possessif, scrupuleux, véhément, émotif, impulsif, obéissant, respectueux.

5. **Écriture.** Rédigez une suite à ce récit dans laquelle le père, qui ne s'est pas encore exprimé, joue un rôle de médiateur. Respectez l'identité du narrateur et la psychologie des personnages *(25 lignes).*

2 Inventer une suite de texte

Exercice 4

Sélectionner des éléments utiles.

C'étaient trois pirogues à balancier cette fois qui étaient posées sur le sable, comme des jouets d'enfant. Le cercle des hommes autour du feu était plus vaste que lors de la première incursion, et Robinson en les examinant à la longue-vue crut remarquer qu'il ne s'agissait pas du même groupe. Le sacrifice rituel paraissait consommé à en juger par l'amoncellement de chairs pantelantes vers lequel deux guerriers se dirigeaient. Mais alors eut lieu un incident qui jeta un moment de trouble dans l'ordonnance rituelle. La sorcière sortit tout à coup de la prostration qui la tenait recroquevillée et, bondissant vers l'un des hommes, elle le désigna de son bras décharné, la bouche béante pour vociférer un flot de malédictions que Robinson ne pouvait entendre. (...) Il y eut flottement parmi les hommes. Enfin l'un d'eux se dirigea, une machette à la main, vers le coupable désigné que ses deux voisins avaient soulevé et projeté sur le sol.

Michel Tournier, *Vendredi ou les limbes du Pacifique*, éd. Gallimard.

1. Relevez une expression indiquant le thème du récit puis donnez un titre au texte.

2. Relevez les mots ou expressions qui évoquent le cadre du récit. Complétez ce cadre avec cinq éléments qui pourraient vraisemblablement y figurer.

3. Relevez le nom de trois objets. Indiquez le rôle de chacun d'eux.

4. Faites la liste de tous les personnages. Nommez celui qui joue un rôle de simple observateur.

5. Écriture. Rédigez la suite de ce récit en imaginant une situation qui oblige le personnage-observateur à agir. Vous reprendrez au moins un élément du cadre, un objet et trois personnages.

Exercice 5

Reprendre des procédés d'écriture.

« Ça sera du billard »

On leur avait montré la porte. Deux garçons, dix-huit ans l'un, et l'autre, peut-être vingt. Dix-huit et vingt ans, pas plus. On leur avait dit : « C'est là. » On leur avait dit : « Elle n'est jamais verrouillée. » Elle était fermée, ils la poussèrent. Elle céda. Ils entrèrent. Plutôt ils s'étaient élancés dans une cour, un grand patio. Il ferait jour pendant un bon moment encore, le couvre-feu aurait sonné et il ferait encore jour. Ici, il faisait plus jour que le jour, on ne savait pas pourquoi, plus clair qu'en pleine ville dehors. Et ce silence. On ne pouvait pas dire comment il était, le patio resplendissait de mutisme et de solitude. On leur avait dit : « Il vit seul. »

On leur avait dit : « Avec lui, cet homme, pas de problème. Vous y allez. Il vit seul. Un vieux. Et ça se passera sans histoires. »

On leur avait dit : « Ça sera du billard. »

Et ce fut dans ce silence que claqua comme un hoquet exagéré, incongru, une balle.

Mohammed Dib, *La Nuit sauvage*, éd. Albin Michel.

1. Vérifiez votre compréhension du texte en répondant aux questions suivantes : Que sait-on des deux garçons et de leur mobile ? Que risquent-ils ?

2. Relevez toutes les expressions où le pronom indéfini *on* apparaît. Quel est l'effet créé par son emploi ?

3. Combien y a-t-il de phrases verbales et de phrases nominales dans les six premières lignes ? Choisissez, dans la liste suivante, deux mots qui expriment l'effet produit :
sécheresse, simplicité, dureté, rapidité, inachèvement.

4. Repérez les phrases qui rapportent des paroles au discours direct. Quelles sont leurs caractéristiques communes ?

5. Écriture. Rédigez la suite de ce texte en reprenant les trois procédés d'écriture étudiés : le pronom *on*, la structure des phrases, le discours direct *(15 lignes).*

Exercice 6

Développer les caractéristiques des personnages.

Le devoir

Julien ayant du mal à commenter le proverbe « Rien ne sert de courir, il faut partir à point », son père l'a forcé à écrire, sous sa dictée, une rédaction que le professeur vient de rendre : devoir hors sujet et déplaisant, 3/20.

Dans la classe, il y eut des sourires, des gloussements et même quelques rires soutenus. Lucien était très pâle. Blessé dans son amour-propre, il l'était aussi dans ses sentiments de piété filiale.

Pourtant il en voulait à son père de l'avoir mis en situation de se faire moquer par ses camarades. (...) Le soir où, les yeux rouges de sommeil, il avait recopié le brouillon de M. Jacotin, il ne s'était guère trompé sur l'accueil qui serait fait à son devoir. Le lendemain, mieux éveillé, il avait même hésité à le remettre au professeur, ressentant alors plus vivement ce qu'il contenait de faux et de discordant, eu égard aux habitudes de la classe. Et, au dernier moment, une confiance instinctive dans l'infaillibilité de son père l'avait décidé.

Au retour de l'école, à midi, Lucien songeait avec rancune à ce mouvement de confiance pour ainsi dire religieuse qui avait parlé plus haut que l'évidence. De quoi s'était mêlé le père en expliquant ce proverbe ? À coup sûr, il n'avait pas volé l'humiliation de se voir flanquer trois sur vingt à son devoir de français. Il y avait là de quoi lui faire passer l'envie d'expliquer les proverbes. Et Béruchard qui avait eu treize. Le père aurait du mal à s'en remettre. Ça lui apprendrait.

À table, M. Jacotin se montra enjoué et presque gracieux. Une allégresse un peu fiévreuse animait son regard et ses propos. Il eut la coquetterie de ne pas poser dès l'abord la question qui lui brûlait les lèvres et que son fils attendait. L'atmosphère du déjeuner n'était pas très différente de ce qu'elle était d'habitude. La gaieté du père, au lieu de mettre à l'aise les convives, était plutôt une gêne supplémentaire. Mme Jacotin et ses filles essayaient en vain d'adopter un ton accordé à la bonne humeur du maître. (...) M. Jacotin le sentit lui-même, car il ne tarda pas à s'assombrir.

« Au fait, dit-il avec brusquerie. Et le proverbe ? »

Marcel Aymé, « Le proverbe », *Le Passe-Muraille*, éd. Gallimard.

1. Établissez la liste des personnages de ce texte. Lesquels ne mettriez vous pas en scène dans la suite du texte ?

2. Relevez dans le texte un exemple illustrant chacune des différentes façons dont se manifestent les caractéristiques des personnages (sentiments, réflexions, paroles, ton de la voix, gestes et attitudes).

3. Attribuez à chacun des membres de la famille Jacotin (le père, la mère, les sœurs, Lucien) deux caractéristiques choisies dans la liste suivante :
tyrannique, terrorisé, soumis, suffisant, humilié, contrarié, mécontent, muet, intransigeant, déçu, effacé, respectueux, lâche, honteux, révolté, allègre.

4. Écriture. Rédigez la suite de ce texte en développant les caractéristiques des personnages *(20 lignes).*

Exercice 7

Enchaîner des péripéties.

Un pari stupide

Kolia, un des plus jeunes et par conséquent un peu dédaigné par les plus âgés, poussé par l'amour-propre ou la témérité, paria de rester couché entre les rails, sans bouger, pendant que le train de onze heures du soir passerait sur lui à toute vapeur. À vrai dire, un examen préalable lui avait permis de constater que la chose était faisable, qu'on pouvait réellement s'aplatir entre les rails sans même être effleuré par le train. Mais quelle minute pénible à passer ! Kolia jura partout qu'il le ferait. On commença par se moquer de lui, on le traita de fanfaron, ce qui l'excita davantage. Ces garçons de quinze ans se montraient vraiment par trop arrogants : n'avaient-ils pas refusé d'abord de considérer ce « gosse » comme un camarade ! Offense intolérable. Par une nuit sans lune, on décida de se rendre à une verste[1] de la gare, où le train roulerait déjà rapidement. À l'heure dite, Kolia se coucha entre les rails. Les cinq autres parieurs, le cœur défaillant, bientôt saisis d'effroi et de remords, attendaient dans les broussailles au bas du talus.

DOSTOÏEVSKI.

1. Verste : environ un kilomètre.

1. Relevez tous les mots et expressions qui décrivent le caractère de Kolia.

2. Combinez des péripéties choisies dans la liste suivante pour proposer deux suites différentes et logiques de ce texte :
a) *Kolia reste couché jusqu'au passage du train.*
b) *Les amis de Kolia le supplient de les rejoindre.*
c) *Kolia est heurté par le train.*
d) *Il n'y a pas de train ce jour-là.*
e) *Le train est en retard.*
f) *Le train passe au-dessus de Kolia sans le toucher.*
g) *Kolia se jette au dernier moment dans le fossé.*
h) *Le train tombe en panne.*
i) *Un adulte surprend Kolia.*
j) *Kolia prend peur et s'en va avant l'arrivée du train.*

3. Écriture. Choisissez la combinaison que vous préférez et, en respectant le caractère de Kolia, rédigez-en les péripéties dans un texte *(20 lignes)*.

EXERCICE 8

Conclure un récit.

Le miracle

La tristesse et la désolation régnaient dans cette chambre. La pauvre femme était étendue sur son lit, toute blanche, les mains jointes sur la poitrine. On venait de lui fermer les yeux. Au pied du lit, sa sœur, les mains jointes, priait :

« Mon Dieu, disait-elle, je vous ai toujours aimé et servi et je ne vous ai jamais rien demandé en échange. Je n'ai au monde que ma sœur que j'adorais. Faites un miracle : faites rentrer la vie dans cette chambre que la mort a désolée. »

Alors il lui sembla entendre la voix du Tout-Puissant qui disait :

« Tu me demandes d'établir là un précédent bien dangereux. J'ai décidé, une fois pour toutes, que la mort était un événement définitif et irrévocable. Autrement, mon administration se fût trouvée à chaque instant en présence de difficultés sans nombre. Mais enfin, tu es, en effet, une fille de piété tout à fait exceptionnelle. Je suis un sentimental. Tu as peut-être tort de me demander de transgresser ainsi mes principes… »

… À peine avait-il dit ces mots que les paupières de la morte battirent ; son sein se souleva ; ses lèvres s'entrouvrirent : la vie était revenue dans cette chambre que la mort avait désolée.

La vie était revenue dans cette chambre : les mouches mortes, collées sur la glace, étirèrent leurs petites pattes, firent scintiller leurs yeux à mille facettes et s'envolèrent joyeusement au plafond.

La vie était revenue dans la chambre ! Un petit oiseau empaillé, qui se trouvait sur un chapeau, dans un buisson de rubans et de fleurs de papier, se mit à battre des ailes, poussa un cri joyeux, s'envola, lui aussi, et alla se poser sur la crête d'un meuble, où il chanta un petit chant de victoire…

Le lion de la descente de lit ouvrit une gueule énorme…

TRISTAN BERNARD, *Cent et un contes choisis.*
éd Gründ.

1. Résumez rapidement les différentes étapes du récit : situation initiale, perturbation, péripétie 1, péripétie 2, péripétie 3, péripétie 4 : *Le lion de la descente de lit ouvrit une gueule énorme…*

2. Écriture. Imaginez trois situations finales différentes pour conclure le récit de Tristan Bernard :
– *une conclusion logique et fermée,*
– *une conclusion surprenante et fermée mettant en scène la morte ressuscitée,*
– *une conclusion surprenante et ouverte.*

CHAPITRE

12 Étudier les points de vue

LIRE ET OBSERVER

Le dur métier d'espion

Charles Exbrayat, *Le Quadrille de Bologne*, Librairie des Champs-Élysées.

Jacques Soubray, espion, arrive en gare de Bologne, sa ville natale, porteur d'une mallette convoitée par de nombreux services secrets.

Le fameux sixième sens des espions avertit Jacques d'un danger imminent. Il regarda rapidement autour de lui sans pour autant repérer les adversaires dont il soupçonnait la présence. Le cœur battant, il sentait venir l'attaque sans arriver à deviner comment et où elle se produirait. Pourtant il parvint sans la moindre anicroche au contrôle de sortie où il remit son billet à l'employé. Rassuré, il s'engagea dans le couloir laissé libre par la foule de ceux qui attendaient les voyageurs et, déjà, il levait le bras pour appeler un taxi lorsque, brusquement, une jeune femme jaillit sur sa droite et se précipita sur lui. Un réflexe de métier le poussa à serrer plus solidement la poignée de sa serviette, mais il aurait mieux fait de protéger sa figure, car l'inconnue lui administra une si belle gifle que, par ce seul coup, elle captiva l'attention des Bolonais et Bolonaises assistant à ce passionnant spectacle. (...) Les Italiens, qui n'ont pas leurs pareils au monde pour ce qui est des cris, du désespoir, des injures et des reproches, sont, par là même, des connaisseurs à qui personne ne saurait en remontrer. Hochant la tête, les spectateurs du premier rang approuvaient. ■

le regard de Jacques
le regard des spectateurs
le regard du narrateur

Analyser

Dans un roman d'espionnage, le héros doit tout voir sans lui-même être vu. Rien d'étonnant donc à ce que cet extrait entremêle les points de vue, conférant ainsi au roman dynamisme et suspense.

Un narrateur maître du jeu

Le narrateur de ce récit s'exprime à la troisième personne (*il*). Il n'est cependant pas absent puisqu'il fait part de ses opinions (*il aurait mieux fait de protéger sa figure,* l. 11). Il voit toutes les actions, connaît les pensées et les sentiments de tous les personnages et porte des jugements sur leurs comportements. Lui seul connaît tous les enjeux de cet épisode sur lequel il porte un regard **omniscient**.

Un héros qui cherche à tout voir

La profession de Jacques l'oblige à tout voir et tout prévoir. Son regard particulièrement aiguisé donne à la scène une tension qui culmine lorsque la jeune femme, surgie de nulle part, se jette sur lui.

Des spectateurs à la vision limitée

Ils observent la scène de l'extérieur avec curiosité et intérêt, depuis l'endroit précis où ils sont placés, et ignorent tout des pensées des personnages : ils croient assister à une scène de ménage alors qu'ils sont en plein roman d'espionnage. Simples observateurs, ils ne comprennent – fort mal d'ailleurs – que ce qu'ils voient.

RETENIR

Pour écrire un texte, vous devez toujours choisir un point de vue. Mais vous pouvez également transposer un texte existant en en changeant le point de vue.

1. Il existe trois types de point de vue.
On appelle point de vue la position du narrateur par rapport à ce qu'il écrit. Trois types de points de vue alternent souvent dans un récit :

– **le point de vue externe**. Les événements, les lieux, les personnages sont vus par un observateur extérieur qui ne raconte que ce qu'il voit, sans entrer dans la psychologie des personnages. C'est un point de vue objectif, neutre.

➤ *L'acteur, souriant, salua le public qui l'applaudissait ;*

– **le point de vue interne**. Le récit passe par le regard d'un personnage en fonction de ce qu'il ressent ou de ce qu'il pense. Ce point de vue permet de connaître le personnage de l'intérieur et crée entre le lecteur et lui une identification.

➤ *L'acteur reçut avec fierté et gratitude l'ovation du public ;*

– **le point de vue omniscient**. Le narrateur sait tout, voit tout. Il est partout à la fois et partage ce qu'il sait avec le lecteur, lui donnant l'impression d'avoir toutes les clés du récit. EXERCICES 1 ET 2

➤ *Debout, le public enthousiaste consacrait la naissance d'un grand acteur.*

2. Pour transposer un texte en changeant de point de vue, il faut repérer et respecter les indices suivants :
– **les temps et les lieux** (cf. chapitre 11) ;
– **les faits**, même s'ils sont perçus différemment ;
– **l'identité et le rôle des personnages**. EXERCICE 3

3. introduire des modifications sur :
– **l'angle de vue** ; EXERCICE 4
– **l'importance accordée aux faits** ;
– **la psychologie des personnages**. EXERCICES 5 ET 6

S'EXERCER ET RÉDIGER

1 Distinguer les trois types de point de vue

Exercice 1

Identifier les trois points de vue.

Le cavalier était un jeune homme osseux à qui les secousses du trot faisaient sauter de longs bras et de longues jambes. (...) Quand il eut repoussé en arrière les longs cheveux que la course avait rabattus sur son front, il montra un visage intelligent. Sa courte barbe frisée laissait apercevoir des lèvres fort belles, et ses yeux étaient loin d'être paysans.

JEAN GIONO, *Le Hussard sur le toit,* éd. Gallimard.

Ils sont blonds, presque de la même couleur que le sable : la peau un peu plus foncée, les cheveux un peu plus clairs. Ils sont habillés tous les trois de la même façon, culotte courte et chemisette, l'une et l'autre en grosse toile d'un bleu délavé.

ALAIN ROBBE-GRILLET, « La Plage », *Instantanés,* éd. de Minuit.

Les lettres de feu dansaient. (...) L'amie de Tranquillité les regardait, elle avait peur, et aussi elle était émerveillée. C'était vraiment de beaux papillons avec leurs ailes diaprées, noires, où s'allumaient des étoiles d'or, des paillettes, des gouttes de sang.

J.M.G. LE CLÉZIO, *Les Géants.* éd. Gallimard.

Un jour, Cosette se regarda par hasard dans son miroir et se dit : tiens ! Il lui semblait presque qu'elle était jolie. Ceci la jeta dans un trouble singulier. (...) De son côté, Jean Valjean éprouvait un profond et indéfinissable serrement de cœur.

VICTOR HUGO, *Les Misérables.*

Indiquez le point de vue adopté dans chacun de ces extraits. Justifiez votre réponse.

Exercice 2

Distinguer des points de vue entrelacés.

Un pauvre logement

Le nouveau logement des Coupeau se trouvait au sixième, escalier B. Quand on avait passé devant mademoiselle Remanjou, on prenait le corridor, à gauche. Puis, il fallait encore tourner. La première porte était celle de Bijard. Presque en face, dans un trou sans air, sous un petit escalier qui montait sous la toiture, couchait le père Bru. Deux logements plus loin, on arrivait chez Bazouge. Enfin, contre Bazouge, c'étaient les Coupeau, une chambre et un cabinet donnant sur la cour. Et il n'y avait plus, au fond du couloir, que deux ménages avant d'être chez les Lorilleux, tout au bout.

Une chambre et un cabinet, pas plus. Les Coupeau perchaient là, maintenant. Dans le cabinet, le lit de Nana tenait juste ; elle devait se déshabiller chez son père et sa mère, et on laissait la porte ouverte, la nuit, pour qu'elle n'étouffât pas. C'était si petit, que Gervaise avait cédé des affaires aux Poisson en quittant la boutique, ne pouvant pas tout caser.

Les premiers jours, la blanchisseuse s'asseyait et pleurait. Cela lui semblait trop dur, de ne plus pouvoir se remuer chez elle, après avoir toujours été au large. Elle suffoquait, elle restait à la fenêtre pendant des heures, écrasée entre le mur et la commode, à prendre des torticolis. Là seulement elle respirait. La cour, pourtant, ne lui inspirait guère que des idées tristes. En face d'elle, du côté du soleil, elle apercevait son rêve d'autrefois, cette fenêtre du cinquième où des haricots d'Espagne, à chaque printemps, enroulaient leurs tiges minces sur un berceau de ficelles. Sa chambre, à elle, était du côté de l'ombre, les pots de réséda y mouraient en huit jours. Ah ! non, la vie ne tournait pas gentiment, ce n'était guère la vie qu'elle avait espérée.

ÉMILE ZOLA, *L'Assommoir.*

Premier paragraphe

1. Que représente le pronom *on* ?

2. Où se trouve celui qui fait la description ? Est-il statique ou en mouvement ? Quelle impression produit le choix de ce point de vue ?

3. Quel est le point de vue dominant dans ce paragraphe ? Justifiez votre réponse.

Deuxième paragraphe

4. Celui qui raconte voit-il l'extérieur ou l'intérieur du logement ?

5. Relevez un exemple qui montre qu'il connaît l'intimité de la vie des Coupeau.

6. Quel est le point de vue dominant dans ce paragraphe ? Justifiez votre réponse.

Troisième paragraphe

7. Relevez deux expressions qui montrent la tristesse de Gervaise.

8. Indiquez la phrase qui rapporte les paroles du personnage au discours indirect libre.

9. Quel est le point de vue dominant de ce paragraphe ? Justifiez votre réponse.

Écriture.

10. Quel est l'effet produit par la succession des points de vue dans ce texte ? Répondez en un paragraphe rédigé.

11. Nana Coupeau, la petite fille, décrit à une camarade sa vie dans le nouveau logement *(20 lignes)*.

2 Respecter les indices essentiels du texte

EXERCICE 3

Respecter le cadre, les faits et les personnages.

L'évasion

Edmond Dantès, enfermé au château d'If, cherche à s'évader en se faisant passer pour mort.

On transporta le prétendu mort du lit sur la civière. Edmond se raidissait pour mieux jouer son rôle de trépassé. On le posa sur la civière ; et le cortège, éclairé par l'homme au falot[1], qui marchait devant, monta l'escalier. Tout à coup, l'air frais et âpre de la nuit l'inonda. Dantès reconnut le mistral. Ce fut une sensation subite, pleine à la fois de délices et d'angoisses. Les porteurs firent une vingtaine de pas, puis ils s'arrêtèrent et déposèrent la civière sur le sol. Un des porteurs s'éloigna, et Dantès entendit ses souliers retentir sur les dalles. « Où suis-je donc ? se demanda-t-il. – Sais-tu qu'il n'est pas léger du tout ! » dit celui qui était resté près de Dantès en s'asseyant sur le bord de la civière. Le premier sentiment de Dantès avait été de s'échapper, heureusement il se retint.

« Éclaire-moi donc, animal, dit celui des deux porteurs qui s'était éloigné, ou je ne trouverai jamais ce que je cherche. » L'homme au falot obéit à l'injonction, quoique, comme on l'a vu, elle fût faite en termes peu convenables. « Que cherche-t-il donc ? » se demanda Dantès.

ALEXANDRE DUMAS, *Le Comte de Monte-Christo.*

1. Falot : lanterne.

1. Relevez les indices du texte qui vous permettent de déterminer où et quand se situe le récit.

2. Établissez la liste des faits en vous aidant des verbes d'action conjugués au passé simple.

3. Quelles sont les phrases qui ne pourraient figurer si l'on transposait le texte selon le point de vue du porteur qui s'éloigne ?

a) *Dantès entendit ses souliers retentir sur les dalles.*

b) *À plusieurs reprises le porteur crut ployer sous le fardeau.*

c) *Il était furieux que l'autre ne l'éclaire pas assez.*

d) *Edmond laissa échapper un soupir de soulagement.*

e) *On descendit un escalier suintant d'humidité.*

f) *Le mistral le frappa au visage.*

4. Écriture. Récrivez cette scène selon le point de vue du porteur qui s'éloigne.

3 Écrire un récit avec un nouveau point de vue

Exercice 4

Analyser le point de vue.

Arrivée d'un étranger

Ces paisibles campagnards bâlois furent tout à coup en émoi par l'arrivée d'un étranger. Même en plein jour, un étranger est quelque chose de rare dans ce petit village de Rünenberg ; mais que dire d'un étranger qui s'amène à une heure indue, le soir, si tard, juste avant le coucher du soleil ? Le chien noir resta la patte en l'air et les vieilles femmes laissèrent choir leur ouvrage. L'étranger venait de déboucher par la route de Soleure. Les enfants s'étaient d'abord portés à sa rencontre, puis ils s'étaient arrêtés, indécis. Quant au groupe des buveurs, « Au Sauvage », ils avaient cessé de boire et observaient l'étranger par en dessous. Celui-ci s'était arrêté à la première maison du pays et avait demandé qu'on veuille bien lui indiquer l'habitation du syndic[1] de la commune. Le vieux Buser, à qui il s'adressait, lui tourna le dos et, tirant son petit-fils Hans par l'oreille, lui dit de conduire l'étranger chez le syndic. Puis il se remit à bourrer sa pipe, tout en suivant du coin de l'œil l'étranger qui s'éloignait à longues enjambées derrière l'enfant trottinant.

On vit l'étranger pénétrer chez le syndic.

Les villageois avaient eu le temps de le détailler au passage. C'était un homme grand, maigre, au visage prématurément flétri. D'étranges cheveux d'un jaune filasse sortaient de dessous un chapeau à boucle d'argent. Ses souliers étaient cloutés. Il avait une grosse épine[2] à la main.

Et les commentaires d'aller bon train. « Ces étrangers, ils ne saluent personne », disait Buhri, l'aubergiste, les deux mains croisées sur son énorme bedaine.

Blaise Cendrars, *L'Or*, éd. Denoël.

1. Syndic : personne qui gère les affaires de la commune.
2. Épine : bâton.

1. Comment réagissent les villageois à l'arrivée de l'étranger ? Relevez trois exemples. Relevez le champ lexical du regard. Quels sentiments révèle-t-il à l'égard de l'étranger ? Expliquez l'adjectif *indue* (l. 6).

2. Relevez une phrase qui exprime le point de vue du narrateur sur les villageois.

3. Écriture 1. Rédigez les commentaires des villageois sur l'étranger.

4. Écriture 2. Récrivez la scène du point de vue de l'étranger.

Exercice 5

Changer de point de vue.

Un fantôme bafoué

À onze heures, la famille se retira et, à onze heures et demie, toutes les lumières étaient éteintes.

Au bout d'un certain temps, M. Otis fut éveillé par un bruit singulier qui venait du couloir, près de sa chambre. On eût dit un cliquetis de métal et le bruit semblait de plus en plus proche. Il se leva tout aussitôt, fit flamber une allumette et regarda l'heure. Il était exactement une heure. Très calme, M. Otis se tâta le pouls. Ce n'était pas la fièvre. Le bruit étrange continuait et, bientôt, M. Otis perçut distinctement des pas. Il enfila ses pantoufles, prit dans son nécessaire de toilette une petite fiole oblongue et ouvrit la porte. Devant lui, dans un pâle clair de lune, il vit un horrible vieillard. Ses yeux, qui ressemblaient à des charbons ardents, jetaient des lueurs rouges. De longs cheveux gris tombaient sur ses épaules en mèches emmêlées. Ses vêtements, de coupe antique, étaient tachés et en lambeaux. De lourdes chaînes toutes rouillées pendaient à ses poignets et à ses chevilles.

« Mon cher monsieur, dit M. Otis, pardonnez-moi d'insister, mais il faut absolument que vous graissiez ces chaînes. J'ai pris à votre intention ce petit flacon de lubrifiant. On le dit très efficace dès la première application. Sur la notice, vous trouverez plusieurs attestations des savants les plus éminents du pays. Je vais le laisser ici, près des candélabres, et serai très heureux de vous en procurer d'autres si vous en avez besoin. »

Là-dessus, le ministre des États-Unis posa le flacon sur une table de marbre et, fermant la porte, regagna son lit.

Le fantôme des Canterville resta un moment immobile, plein d'une indignation bien naturelle ; puis, jetant violemment le flacon sur le parquet ciré, il s'enfuit dans le couloir en poussant des grognements caverneux et projetant de terrifiantes lueurs vertes.

Ayant gagné une petite chambre secrète située dans l'aile gauche, il s'appuya, pour reprendre haleine, contre un rayon de lune et se prit à réfléchir à sa position. Dans toute sa carrière de trois cents ans, brillante et ininterrompue, il n'avait jamais été si grossièrement insulté.

OSCAR WILDE, *Le Fantôme de Canterville*, trad. Leo Lach, éd. du Mercure de France.

1. Quels sont les points de vue adoptés dans ce récit ? Justifiez votre réponse.

2. Établissez la liste des faits en relevant les verbes d'action conjugués au passé simple.

3. Relevez les mots ou expressions qui illustrent la psychologie de M. Otis et celle du fantôme.

4. Quel est le but de l'auteur : faire peur, émouvoir, amuser, informer, faire rêver ? Justifiez votre réponse.

5. Si cette scène n'était racontée que du point de vue du fantôme, quels faits faudrait-il supprimer, conserver et développer ?

6. Relevez, dans le texte, les pensées ou émotions des autres personnages que le fantôme peut connaître.

7. Écriture. Transposez ce récit en adoptant le point de vue du fantôme de Canterville *(25 lignes)*.

EXERCICE 6

Changer de point de vue.

Lupin arrive trop tard

Arsène Lupin employa bien une demi-heure pour ouvrir la seconde porte, une porte vitrée qui donnait sur la chambre. Mais il le fit avec tant de précaution, qu'alors même que la comtesse n'eût pas dormi, aucun grincement équivoque n'aurait pu l'inquiéter.

D'après les indications de son plan, il n'avait qu'à suivre le contour d'une chaise longue. Cela le conduisait à un fauteuil, puis à une petite table située près du lit. Sur la table, il y avait une boîte à lettres, et, enfermée tout simplement dans cette boîte, la perle noire.

Il s'allongea sur le tapis et suivit les contours de la chaise longue. Mais à l'extrémité il s'arrêta pour réprimer les battements de son cœur. Bien qu'aucune crainte ne l'agitât, il lui était impossible de vaincre cette sorte d'angoisse nerveuse que l'on éprouve dans le trop grand silence. Et il s'en étonnait, car, enfin, il avait vécu sans émotion des minutes plus solennelles. Nul danger ne le menaçait. Alors pourquoi son cœur battait-il comme une cloche affolée ? Était-ce cette femme endormie qui l'impressionnait, cette vie si voisine de la sienne ?

(...) Mais, au moment où il essayait de se relever, sa main gauche heurta sur le tapis un objet qu'il reconnut tout de suite pour un flambeau, un flambeau renversé ; et aussitôt, un autre objet se présenta, une pendule, une de ces petites pendules de voyage qui sont recouvertes d'une gaine de cuir.

Quoi ? Que se passait-il ? Il ne comprenait pas. Ce flambeau... cette pendule... pourquoi ces objets n'étaient-ils pas à leur place habituelle ? Ah ! que se passait-il dans l'ombre effarante ?

MAURICE LEBLANC, *La Perle noire*, éd. Robert Laffont, coll. Bouquins.

1. Identifiez les personnages. Quel est l'objectif du personnage principal ?

2. Quel point de vue est adopté dans ce récit ? Justifiez votre réponse.

3. Expliquez quel intérêt ce point de vue peut apporter au récit.

4. Écriture. Racontez la scène d'un autre point de vue et imaginez les événements qui ont précédé immédiatement. Votre récit expliquera ce que le personnage ne peut comprendre (*30 lignes*).

Rédiger un texte argumentatif

CHAPITRE

13 Analyser un sujet et définir une thèse

LIRE ET OBSERVER

DANIEL PENNAC,
Comme un roman,
éd. Gallimard.

1 texte d'appui

« Je t'ordonne de lire. »

Le verbe « lire » ne supporte pas l'impératif. Aversion qu'il partage avec quelques autres : le verbe « aimer »… le verbe « rêver »…

On peut toujours essayer, bien sûr. Allez-y : « Aime-moi ! » « Rêve ! » « Lis ! » « Lis ! Mais lis donc, bon sang, je t'ordonne de lire ! »

– Monte dans ta chambre et lis !

Résultat ?

Néant.

Il s'est endormi sur son livre. ■

2 SUJET DE RÉFLEXION

citation → « Lis ! Mais lis donc, bon sang, je t'ordonne de lire ! »

question → Pensez-vous que la contrainte puisse vous aider à découvrir l'intérêt de ce qui vous rebutait d'abord ?

consigne → Vous illustrerez vos arguments d'exemples tirés de votre expérience personnelle sans vous limiter nécessairement à la lecture.

Analyser

La citation

Extraite du texte d'appui, elle est le **point de départ de la réflexion**. Elle illustre de façon concrète une situation de contrainte : un parent ordonne en vain à un enfant de lire.

La question

Elle précise le **problème** posé : elle contient deux **mots-clés** :

– le mot *contrainte* qui désigne une autorité (exercée par les parents ou les professeurs) ;

– le mot *intérêt* qui signifie aussi bien le plaisir qu'on éprouve en faisant une activité aimée que l'instruction qu'on en retire.
Les deux mots-clés sont **associés** de façon étonnante : comment une obligation ennuyeuse pourrait-elle en effet causer un plaisir ?

La consigne

Elle donne des précisions sur la façon de répondre à la question.
Elle demande de trouver des arguments et de les illustrer par des exemples qui peuvent concerner la lecture ou d'autres domaines de la vie courante.

Le texte d'appui

En montrant l'inefficacité de la contrainte (l'enfant s'est endormi sur son livre), Daniel Pennac répond de manière négative à la question du sujet.
Le texte **suggère** ainsi l'**idée directrice** de la première partie d'un devoir : La contrainte peut faire naître un dégoût plutôt qu'un intérêt.
On en déduit, par opposition, une deuxième partie : La contrainte peut cependant être utile pour briser une habitude de paresse, un préjugé négatif. Elle permet alors de découvrir un plaisir et une richesse insoupçonnés.

RETENIR

1. Analyser un sujet

Pour bien analyser un sujet, tenez compte de tous ses éléments :
– la **citation** renvoie à un texte dans lequel le problème posé par le sujet reçoit une illustration concrète qui peut parfois vous aider à trouver des arguments et des exemples ; EXERCICES 1 ET 2

– la **question** contient des mots-clés qu'il faut identifier, définir et interroger dans leur relation. De cette analyse se dégage la problématique du sujet (c'est-à-dire les questions auxquelles il faut répondre) ; EXERCICES 3 À 6

– la **consigne** invite à argumenter et à illustrer son point de vue. Elle précise le domaine de la réflexion et fixe ainsi les limites du sujet. EXERCICE 7

2. Élaborer des thèses

– Après avoir analysé le sujet, vous devez élaborer des thèses, c'est-à-dire des **réponses aux questions** qui découlent du sujet. Chaque thèse va constituer l'**idée directrice** de chaque partie de votre devoir.

➤ *Thèse 1 : La contrainte est souvent rebutante ;*
Thèse 2 : Elle peut cependant enseigner le sens de l'effort.

– Cette réponse doit être **personnelle et nuancée**. Pour cela, évitez de vous enfermer dans une position trop vague (➤ *Certains pensent que…*, *Chacun a son opinion…*) ou trop radicale (➤ *La contrainte a toujours des effets négatifs…*).

– Le choix et l'ordre de présentation des thèses sont dictés par le **type de sujet** (voir le tableau p. 120). EXERCICES 8 À 13

S'EXERCER ET RÉDIGER

1 Analyser un sujet

Exercice 1

Utiliser le texte pour comprendre le sujet.

Jean Valjean vient d'être libéré du bagne et arrive un soir de 1815 dans la ville de Digne. Affamé, harassé par le voyage entrepris à pied depuis Toulon, il cherche un gîte pour la nuit. Il entre sans le savoir chez Monseigneur Myriel, évêque de la ville…

La porte s'ouvrit vivement, toute grande, comme si quelqu'un la poussait avec énergie et résolution.

Un homme entra. (…) L'évêque fixa sur l'homme un œil tranquille.

Comme il ouvrait la bouche, sans doute pour demander au nouveau venu ce qu'il désirait, l'homme, sans attendre que l'évêque parlât, dit d'une voix haute : « Voici. Je m'appelle Jean Valjean. Je suis un galérien. J'ai passé dix-neuf ans au bagne. Je suis libéré depuis quatre jours. Quatre jours que je marche depuis Toulon. Aujourd'hui, j'ai fait douze lieues à pied. Ce soir, en arrivant dans ce pays, j'ai été dans une auberge, on m'a renvoyé à cause de mon passeport jaune[1] que j'avais montré à la Mairie. Il avait fallu. J'ai été à une autre auberge. On m'a dit : « Va-t'en ! » Chez l'un, chez l'autre. Personne n'a voulu de moi. J'ai été à la prison, le guichetier n'a pas ouvert. J'ai été dans la niche d'un chien. Ce chien m'a mordu et m'a chassé, comme s'il avait été un homme. On aurait dit qu'il savait qui j'étais. Je m'en suis allé dans les champs pour coucher à la belle étoile. Il n'y avait pas d'étoile. J'ai pensé qu'il pleuvrait, et qu'il n'y aurait pas de Bon Dieu pour empêcher de pleuvoir, et je suis rentré dans la ville pour y trouver le renfoncement d'une porte. Là, dans la place, j'allais me coucher sur une pierre. Une bonne femme m'a montré votre maison et m'a dit : « Frappe-là. » J'ai frappé. Qu'est-ce que c'est ici ? Êtes-vous une auberge ? J'ai de l'argent. Ma masse[2]. Cent neuf francs quinze sous que j'ai gagnés au bagne par mon travail en dix-neuf ans. Je payerai. Qu'est-ce que cela me fait ? j'ai de l'argent. Je suis très fatigué. Douze lieues à pied, j'ai bien faim. Voulez-vous que je reste ?

– Madame Magloire, dit l'évêque, vous mettrez un couvert de plus.

Victor Hugo, *Les Misérables*

1. Ce passeport indique qu'il sort du bagne.
2. Masse : ensemble des retenues faites sur le salaire d'un prisonnier et qu'on lui remet à sa libération.

Sujet de réflexion

Jean Valjean a commis une faute mais il a purgé la lourde peine que la société lui avait infligée. Il devrait donc être à nouveau considéré comme un citoyen ordinaire par ses compatriotes…
En une composition argumentée et étayée d'exemples, vous vous demanderez s'il convient de se montrer humain et généreux ou au contraire prudent et sévère envers quelqu'un qui a déjà eu des démêlés avec la justice.

1. Expliquez les expressions soulignées, contenues dans le sujet de réflexion, en vous reportant au texte des *Misérables* :
– *il a purgé la lourde peine que la société lui a infligée ;*
– *quelqu'un qui a déjà eu des démêlés avec la justice.*

2. Quelles sont les deux attitudes distinguées par le sujet vis-à-vis d'anciens condamnés ? Quels exemples de ces deux attitudes sont donnés dans le texte ?

3. Écriture. Quelle attitude paraît la plus juste à Victor Hugo ?
Rédigez un paragraphe d'une quizaine de lignes pour expliquer si vous partagez ce point de vue. Justifiez votre opinion en vous appuyant sur des exemples.

Exercice 2

Comprendre la citation pour analyser le sujet.

Antoun, un berger libanais, a entendu l'appel lointain d'un voisin qui a perdu sa chèvre. Cette voix tout le jour le tourmente. Le soir, il revient chez lui.

Sitôt qu'il ouvrit la porte de sa maison, Antoun dit à sa femme :

« Chafika, il y a le voisin de la montagne qui a perdu une chèvre. Tu ne l'as pas vue dans les parages ?

– Non. Mais viens, la soupe t'attend. »

Ah ! Que cette femme parlait peu.

Des nids de silence, les filles de ce pays. À longueur de journée, elles plongent leurs bras dans l'eau de linge et de vaisselle ; ou bien, font reluire l'envers des casseroles de cuivre et le carrelage des chambres dénuées[1].

« Il ne doit pas pouvoir manger ce soir !

– Qui ?

– Mais le voisin ! Celui qui a perdu sa chèvre…

– Dépêche-toi, ta soupe sera encore froide. (…)

– Je t'ai préparé ce que tu aimes, des feuilles de vignes farcies. Ce sont les premières.

– Il est bien question de feuilles de vigne ! »

Comment pouvait-il être question de feuilles de vigne alors que – là-haut – un homme, un voisin, un frère se rongeait le cœur ? Antoun l'imaginait : il allait et venait dans les bois, il battait les fourrés, le pas nerveux, le front fermé. Il appelait, appelait : « Ma chèvre ! Où es-tu, ma chèvre ? » C'est terrible un homme qui appelle ! Ça ne vous laisse plus de repos.

« Il ne dormira pas cette nuit.

– Qui ça ? »

La femme revenait portant sa casserole brûlante enveloppée dans un torchon.

« Mais le voisin !

– Le voisin ! Le voisin ! (Chafika haussa le ton.) C'est ridicule, tu ne l'as jamais vu ! Tu ne connais même pas son visage.

– J'ai entendu sa voix… », dit Antoun.

Chafika soupira. C'était inutile de répondre. Quand les hommes s'attellent à une idée, ils se laissent entraîner, tout bêtement, comme des carrioles.

« Mais finis donc ta soupe. » (…)

Antoun repoussa la table, se leva :

« Écoute ! »

L'assiette pleine de soupe se déversa sur la nappe :

« Je n'y tiens plus… Donne-moi la lanterne, je pars chercher la chèvre !

– Tu es fou ! À ton âge et dans ce froid, tu attraperas la mort.

– Elle est peut-être tout près. Je connais le chemin qui mène chez le voisin. Je connais aussi le sentier des chèvres. »

Antoun s'en irait, elle ne pourrait pas le retenir. Il était comme cela, aboutissant à son idée par coups de tête successifs ; et celle-ci une fois atteinte, personne ne pouvait l'en déloger.

« Je trouverai sa chèvre, je la trouverai. »

Chafika lui donna sa lanterne, et il partit.

Andrée Chedid, « La Chèvre du Liban », *Les Corps et le Temps*, éd. Flammarion.

1. Dénuées : dépourvues de mobilier.

Sujet de réflexion

C'est terrible un homme qui appelle, remarque Antoun.
Avez-vous l'impression de vivre dans un monde où des hommes appellent ? Que peut-on faire pour leur répondre ? Vous développerez votre réflexion en vous appuyant sur des exemples précis.

1. Quelle situation concrète du texte permet de comprendre l'expression citée par le sujet : *un homme qui appelle* ?

2. Comment les deux personnages principaux du texte, Antoun et Chafika, réagissent-ils face à *un homme qui appelle* ?

3. Quelles situations de détresse dans le monde d'aujourd'hui peuvent nous conduire à affirmer que *des hommes appellent* ? À quels sentiments ces hommes ou ces femmes font-ils appel ? Quels gestes attendent-ils de notre part ?

4. Écriture. Avez-vous personnellement déjà répondu à des appels de détresse ? Que proposez-vous pour qu'ils ne restent pas sans réponse? *(20 lignes.)*

Exercice 3

Repérer les mots-clés du sujet.

Sujet de réflexion

Punition, exclusion du groupe, retenue sont parfois pratiquées dans le monde scolaire. Que pensez-vous de ces sanctions ? Croyez-vous en leur utilité ? Pouvez-vous proposer des solutions plus efficaces ?

1. Quels exemples de sanctions scolaires sont donnés par le sujet ? Proposez-en d'autres.

2. Que signifie exactement l'expression *exclusion du groupe* ? Dans le contexte défini par le sujet, qui décide de cette exclusion ?

3. À part le mot *sanctions*, quels sont, selon vous, les autres mots ou expressions-clés du sujet ?

Exercice 4

Analyser un mot-clé du sujet.

Sujet de réflexion

Vous avez certainement déjà été confronté(e) à la bêtise.
Comment réagissez-vous face à elle ?
Avec indulgence ou avec sévérité ?

1. Choisissez, parmi ces propositions, celles qui vous semblent définir la bêtise :
a) *une action ou une parole qui fait rire ;*
b) *un manque d'intelligence ;*
c) *un objet, un acte, un discours sans importance ;*
d) *une chose invraisemblable ;*
e) *un comportement digne d'une bête ;*
f) *le fait de se conformer sans réfléchir à des habitudes ;*
g) *un manque d'instruction ;*
h) *le fait de s'exprimer par clichés.*

2. Quelle différence de sens peut-on établir entre *la bêtise* et *une bêtise* ?

3. Cherchez un exemple précis de situation où vous pourriez être confronté(e) à la bêtise :
a) *en regardant la télévision ;*
b) *dans une discussion au collège ;*
c) *dans un livre.*

4. Écriture. Donnez un exemple d'indulgence et un exemple de sévérité face à la bêtise.

Exercice 5

Étudier la relation entre les mots-clés du sujet.

Sujet de réflexion

Dans le monde actuel, des gens prennent des risques pour venir en aide à autrui. Vous examinerez quelle grandeur et quels dangers comporte cette attitude.

1. Quelles sont les expressions-clés de la première phrase du sujet ? Quelle relation existe entre elles ?

2. À quelle expression de la première phrase doit-on associer le mot *dangers* contenu dans la seconde ? Précisez à quels types de dangers le sujet fait référence.

3. Quelle attitude définie dans la première phrase comporte une certaine *grandeur* ? Cherchez des exemples précis de cette attitude dans le monde actuel.

4. Quels sont les deux aspects que le sujet invite à étudier ?

Exercice 6

Formuler les questions qui découlent du sujet.

Sujet de réflexion

« Nous n'aurons plus, dans quelques années, un pauvre bout de lande où l'imagination puisse poser son pied pour rêver. » (Barbey d'Aurevilly.)
Certains pensent qu'il est nécessaire de préserver des coins de nature sauvage ; d'autres croient au contraire que tout doit être aménagé pour l'homme.
Vous présenterez votre point de vue dans un développement ordonné et illustré d'exemples précis.

1. Quelles sont les deux opinions opposées par ce sujet en ce qui concerne l'attitude de l'homme vis-à-vis de la nature ? D'après la citation, quel parti prend Barbey d'Aurevilly ?

2. Parmi les questions suivantes, relevez celles qui découlent directement du sujet :
a) *Est-il encore possible pour l'homme de vivre dans une nature sauvage ?*
b) *Pourquoi doit-on sauvegarder des zones naturelles intactes ?*
c) *L'aménagement de la nature pour l'homme n'est-il pas créateur d'emplois ?*
d) *Dans quelle mesure la maîtrise de la nature par l'homme rend-elle sa vie plus sûre et plus agréable ?*
e) *Est-ce que l'aménagement de la nature exclut la préservation de lieux sauvages ?*
f) *Comment protéger les espèces naturelles en voie de disparition ?*

EXERCICE 7

Exploiter la consigne du sujet.

SUJET DE RÉFLEXION

La guerre est une réalité quotidienne pour les populations d'une grande partie du monde. Quels conseils donneriez-vous aux chefs d'État pour l'éviter ? Vous répondrez à cette question dans un développement argumenté, illustré d'exemples précis pris dans l'actualité ou dans l'histoire.

Choisissez parmi les propositions suivantes celles qui correspondent aux suggestions contenues dans la consigne :
a) *Énumérer toutes les guerres qui bouleversent actuellement le monde.*
b) *Décrire les horreurs quotidiennes de la guerre pour les populations civiles.*
c) *Analyser les solutions qui pourraient empêcher les guerres.*
d) *Rédiger le devoir sous forme d'une lettre.*
e) *Opposer les guerres d'autrefois et d'aujourd'hui.*
f) *Utiliser des connaissances historiques.*
g) *S'informer dans la presse ou les médias sur les conflits actuels dans le monde et leurs causes.*

2 Élaborer des thèses

EXERCICE 8

Repérer une thèse.

Les foules sportives

On a souvent dit ce que l'Angleterre dut, dans sa glorieuse histoire, au football, au cricket, à toutes les leçons de maîtrise de soi reçues par ses jeunes hommes sur les terrains de sport. Mais les bienfaits du sport se sont, depuis un demi-siècle, largement étendus à nos foules françaises. Je me souviens d'un temps où arbitrer en France certains grands matchs qui soulevaient de sauvages passions était un acte d'héroïsme. Aujourd'hui, nos foules se montrent tolérantes parce qu'elles sont devenues compétentes. Elles savent juger de la beauté d'une passe, de la tactique d'un capitaine, de l'équité d'un arbitre. En un temps où les hommes ne sont que trop sollicités de se haïr les uns les autres, le sport demeure la meilleure école de dignité, de justice et de tenue collective.

ANDRÉ MAUROIS,
Discours prononcé lors du jubilé du football français de 1949.

1. Dans quelle phrase la thèse de l'auteur est-elle formulée ? Relevez dans tout le paragraphe les expressions mélioratives qui confirment cette thèse.

2. La dernière phrase du paragraphe marque-t-elle par rapport à la thèse une confirmation, une contradiction, une restriction ou un élargissement ?

3. Formulez en une phrase une thèse contraire à celle d'André Maurois.

EXERCICE 9

Répondre aux questions découlant du sujet.

1. Répondez en une phrase aux questions que vous avez sélectionnées dans la question 2 de l'exercice 6.

2. Classez vos réponses dans l'ordre qui vous permet de faire apparaître en dernier la thèse qui vous semble la plus juste.

Exercice 10

Utiliser les questions d'un sujet.

Sujet de réflexion

Quels sont les héros (ou les héroïnes) de votre enfance, de votre adolescence ? Présentez-les et donnez les raisons de votre intérêt. Quelles sont les conséquences de la fréquentation de ces êtres dans votre vie quotidienne ?

1. Sur quel thème portent les questions du sujet ? Aidez-vous du dictionnaire pour définir cette notion. Confrontez cette définition avec le sujet.

2. Combien de questions contient le sujet ? Quel est le rôle de la deuxième phrase ? Encadrez les deux mots du sujet qui peuvent orienter les deux étapes de votre devoir.

Exercice 11

Mettre en relation la thèse et la question posée.

Sujet de réflexion 1

Peut-on appliquer dans la réalité le vœu de Jean Guéhenno : « Que chacun invente sa vie » ?

Sujet de réflexion 2

Quel sens donneriez-vous à la formule de Jean Guéhenno : « Que chacun invente sa vie » ?

Sujet de réflexion 3

Le souhait de Jean Guéhenno : « Que chacun invente sa vie ne vous paraît-il pas dangereux » ?

Quelles sont, parmi les thèses suivantes, celles qui apportent une réponse à chacun de ces trois sujets ?
a) *Inventer sa vie, c'est sortir des chemins que la société ou la famille ont tracés.*
b) *Si on a de la volonté, inventer sa vie est possible.*
c) *La liberté de celui qui invente sa vie ne menace pas forcément celle des autres.*
d) *Inventer sa vie revient à chercher le plus grand nombre possible d'expériences.*
e) *Si chacun inventait sa vie, on risquerait de voir se généraliser l'individualisme.*
f) *Les contraintes de la vie en société rendent le projet d'inventer sa propre vie bien difficile.*

Exercice 12

Analyser le sujet et formuler des thèses.

Sujet de réflexion

Pensez-vous que l'art d'être heureux, c'est se contenter de ce que l'on a ?

1. Quelles sont les expressions-clés du sujet ? Quelle relation est établie entre ces expressions ?

2. Formulez en une phrase chacune des thèses que vous pourriez démontrer dans un devoir.

Exercice 13

Formuler des thèses.

Sujet de réflexion 1

Qu'attendez-vous d'un bon livre ?

Sujet de réflexion 2

Que représente pour vous la musique ?

Formulez trois propositions qui correspondent à trois thèses successives que vous pourriez soutenir pour répondre à chacun des deux sujets proposés.

CHAPITRE

14 Trouver des arguments

LIRE ET OBSERVER

Le féminisme en question

Marguerite Yourcenar, *Les Yeux ouverts*, éd. du Centurion.

J'ai de fortes objections au féminisme tel qu'il se présente aujourd'hui. La plupart du temps, il est agressif, et ce n'est pas par l'agression qu'on parvient durablement à quelque chose. Ensuite, et ceci vous paraîtra sans doute paradoxal, il est conformiste, en ce sens que la femme semble aspirer à la liberté et au bonheur du bureaucrate qui part chaque matin, une serviette sous le bras, ou de l'ouvrier qui pointe dans une usine. Cet « homo sapiens » des sociétés bureaucratiques et technocratiques est l'idéal qu'elle semble vouloir imiter sans voir les frustrations et les dangers qu'il comporte, parce qu'en cela pareille aux hommes, elle pense en termes de profit immédiat et de « succès » individuel. (...) A 1 A 2

Je trouve aussi regrettable de voir la femme jouer sur les deux tableaux, de voir, par exemple, des revues qui, pour se conformer à la mode (car les opinions sont aussi des modes), publient des articles féministes supposés incendiaires, tout en offrant à leurs lectrices, qui les feuillettent distraitement chez le coiffeur, le même nombre de photographies de jolies filles, ou plutôt de filles qui seraient jolies si elles n'incarnaient trop évidemment des modèles publicitaires ; la curieuse psychologie commerciale de notre temps impose ces expressions boudeuses, prétendument séduisantes, aguicheuses ou sensuelles, à moins qu'elles ne frôlent l'érotisme de la demi-nudité, si l'occasion s'en présente. ■ A 3

thèse

arguments

Analyser

Des arguments subordonnés à la thèse

Dans ce texte, Marguerite Yourcenar présente *de fortes objections au féminisme tel qu'il se présente aujourd'hui*. C'est la thèse ou l'idée qu'elle veut démontrer. Pour justifier cette opinion et pour la faire admettre au lecteur, elle utilise trois arguments successifs (A1, A2, A3).

La thèse et les arguments forment un **ensemble cohérent**. L'auteur a donc supprimé ce qui est inefficace pour étayer sa démonstration, par exemples des remarques ou des faits concernant le féminisme en général. Elle a sélectionné rigoureusement les arguments, en ignorant ceux qui iraient dans le sens d'une défense du féminisme ; elle ne dit pas par exemple que le féminisme a permis à la femme d'accéder à des métiers de responsabilité.

Les marques d'un jugement

Les arguments portent la marque d'un **jugement de valeur** (cf. chapitre 4). Les adjectifs *agressif* (l. 2), *conformiste* (l. 4), *regrettable* (l. 11) soulignent le jugement négatif que porte Marguerite Yourcenar sur le féminisme.

La présentation des arguments

Ils se distinguent très nettement de l'exemple par une formulation plus **abstraite**.
Ils sont présentés dans un **ordre logique**, allant de l'argument le plus simple à l'argument le plus complexe. Leur succession est signalée par les adverbes *ensuite* (l. 3) et *aussi* (l. 11).

RETENIR

Trouver des arguments est une étape essentielle de votre travail de réflexion. Ils ont en effet une fonction capitale dans une argumentation puisqu'ils servent à justifier une thèse.

1. L'argument est obligatoirement subordonné à la thèse : il a valeur de preuve par rapport à l'idée que l'on veut démontrer.
Dans un texte argumentatif, **le fait** expose objectivement une situation. L'argument, lui, ne retient du fait que ce qui peut confirmer la thèse : il oriente le fait.

➤ *Fait : Les féministes ont de nombreuses revendications.*
Argument : Le féminisme est agressif. EXERCICES 1 ET 2

2. L'argument se distingue de **l'exemple** par une formulation souvent plus abstraite, concise mais nuancée et précise à la fois. EXERCICES 3 ET 4

3. Pour trouver des arguments, vous pouvez avoir recours à votre **expérience personnelle**, à vos souvenirs de **lectures** ou de **films**, à des **articles de journaux** traitant du même thème que celui qui vous est proposé. Il est de toute façon nécessaire de se documenter. EXERCICES 5 À 9

4. Un devoir constitue une sorte de chaîne d'arguments ; vous devez donc choisir l'**ordre** dans lequel ils vont apparaître. Vous pouvez par exemple les organiser du plus simple au plus complexe. EXERCICES 10 À 13

S'EXERCER ET RÉDIGER

1 Subordonner des arguments à une thèse

Exercice 1

Distinguer faits objectifs, arguments pertinents, arguments non pertinents.

Sujet de réflexion

Le recours à la violence est de plus en plus fréquent dans notre société. Cette attitude vous paraît-elle être une réponse acceptable face à une situation de conflit ?

1. Parmi les propositions suivantes, distinguez celles qui sont :
– des faits n'ayant aucune valeur d'argument ;
– des arguments subordonnés à la thèse selon laquelle la violence n'est pas une réponse acceptable à une situation de conflit ;
– des arguments subordonnés à la thèse opposée.

a) *Dans les sociétés de l'Antiquité, la violence existait déjà.*
b) *La violence est une forme de régression, un retour à la loi de la jungle.*
c) *La violence est une façon de se faire respecter.*
d) *La violence tue le dialogue et empêche toute forme de négociation.*
e) *La violence dans les banlieues est l'expression d'un profond malaise.*
f) *L'épreuve de force est la seule issue possible à un conflit.*
g) *La violence, comme solution à un conflit, peut développer une rancune dangereuse et malsaine chez celui qui la subit.*
h) *Une bonne éducation peut faire reculer la violence.*

2. Proposez à votre tour deux arguments pour défendre la thèse selon laquelle la violence n'est pas acceptable.

Exercice 2

Sélectionner des arguments en fonction de la thèse.

Sujet de réflexion

La publicité est-elle à votre avis une chance et un atout de notre société moderne ou un dangereux instrument ?

1. Quelles sont les deux thèses que le sujet suggère de défendre ?

2. Voici neuf propositions. À vous de distinguer celles qui sont :
– des faits objectifs ;
– des arguments favorables à la publicité ;
– des arguments défavorables à la publicité.

a) *La publicité fait connaître beaucoup de produits.*
b) *À travers l'abondance et l'originalité de ses productions, la publicité manifeste la créativité de l'homme. C'est donc une forme d'art moderne.*
c) *C'est une entreprise de séduction et de tromperie.*
d) *Le foisonnement de panneaux et d'enseignes publicitaires détruit l'esthétique de nos villes.*
e) *Notre société moderne se caractérise par une profusion d'images.*
f) *Parce qu'elle offre une image rassurante des possibilités matérielles de l'homme, la publicité est un facteur d'optimisme.*
g) *C'est un instrument de manipulation des esprits.*
h) *Elle caractérise notre société de consommation.*
i) *En faisant connaître tout un éventail de produits, elle permet le libre choix.*

3. Relevez les termes appréciatifs qui introduisent un jugement de valeur (favorable ou défavorable) dans les arguments ci-dessus.

4. Formulez un argument personnel pour défendre la thèse de votre choix.

2 Distinguer l'argument de l'exemple

Exercice 3

Repérer une thèse et son argument.

La liberté de peindre

Pour moi, je pense qu'un homme a le droit de peindre comme il l'entend. Si son instinct lui commande d'être abstrait, pourquoi pas ? Beaucoup de beaux ornements, dans les époques les plus anciennes, étaient faits de lignes, de cercles, de courbes ondulantes. Les faïences arabes sont décorées d'arabesques non figuratives et il y en a de parfaites. Là où je cesse de comprendre, c'est quand mon homme se met en colère parce qu'un autre peintre veut continuer à représenter des femmes, des fleurs ou des fruits.

André Maurois, *Ne soyez pas snob,* D.R.

1. Quelle est la thèse de l'auteur ?

2. Identifiez la phrase du texte qui énonce l'argument.

3. Identifiez celle qui illustre cet argument par un exemple concret.

4. Écriture. Trouvez un argument justifiant votre préférence pour l'art abstrait ou pour l'art figuratif. Formulez-le en quelques phrases.

Exercice 4

Repérer des arguments.

Apprendre autrement

Il y a longtemps, j'ai parcouru la Patagonie en jeep avec un ingénieur forestier. Celui-ci m'expliquait combien la forêt reculait avec chaque incendie ; il me parlait aussi du rôle défensif des cyprès, qu'il comparait aux héros stoïques d'une arrière-garde, se sacrifiant pour retarder la progression du feu et protéger les autres arbres. J'imaginai alors ce que pourrait être l'enseignement de la géographie si on l'associait à la lutte des espèces, à la conquête des mers et des continents, à l'histoire de l'humanité pathétiquement dépendante de l'environnement terrestre. L'élève aurait ainsi le sentiment d'une véritable aventure, d'un combat exaltant contre les forces hostiles de la nature et de l'histoire. Loin de l'encyclopédisme mort, des catalogues poussiéreux et des idées toutes faites, c'est ainsi que la connaissance, toujours renouvelée, donnerait à chacun l'impression de découvrir une histoire millénaire et d'y participer. Par exemple, le meilleur moyen de graver de manière indélébile dans les esprits, comme une connaissance vécue et pas seulement livresque, la géographie complexe du continent américain, ne serait-il pas de l'enseigner à travers les aventures des grands explorateurs, comme Magellan, ou des conquistadors comme Cortés ? Finissons-en avec l'information, place à la formation. Comme l'a dit Montaigne, « savoir par cœur n'est pas savoir ». Quel manuel de géographie et d'ethnologie passionnant pour un adolescent que *Le Tour du monde en quatre-vingts jours* de Jules Verne ! Il faut susciter l'étonnement devant les profonds mystères de l'univers. Si l'on y réfléchit, tout y est stupéfiant ! Mais nous sommes blasés par l'habitude et rien ne nous étonne plus. Il nous faut redécouvrir la vertu de l'émerveillement.

Ernesto Sabato, *Courrier de l'Unesco,* août 1990.

Écriture.

1. Formulez la thèse que l'auteur défend.

2. Résumez les différents arguments de l'auteur.

3. Trouvez deux autres arguments pour soutenir cette thèse.

4. Réfutez cette thèse et donnez deux arguments pour expliquer ce qui peut justifier un enseignement plus traditionnel.

5. Parmi les propositions suivantes, quelles sont celles qui peuvent être retenues comme argument pour soutenir la thèse formulée dans la question 4 ?

a) *Le développement de la mémoire est un exercice nécessaire dans toute forme d'apprentissage.*

b) *Participer à l'histoire, c'est d'abord connaître celle écrite par ceux qui nous ont précédés.*

c) *Savoir, c'est avant tout savoir s'étonner.*

3 Trouver des arguments

EXERCICE 5

Tirer parti du texte d'appui.

Ils seront plus sévères

Il paraît que les conflits de générations sont éteints ou presque. Du moins des sociologues sérieux l'affirment-ils. Serait-ce parce que les générations d'aujourd'hui sont moins nombreuses que les générations contestataires de la fin des années 60 ? L'explication statistique ne séduit guère.

Une autre paraît plus probable. Les jeunes n'attendraient plus grand-chose de leurs aînés, impuissants depuis belle lurette à leur proposer un avenir et donc à l'imposer. On ne se bat pas contre le vide.

Les pères, de leur côté, qu'ils se soient convertis à la non-directivité d'avant-hier, au libéralisme d'hier, ou à l'auto-éducation, ont tendance à laisser leurs rejetons vivre ou survivre à leur guise.

Mais si le conflit classique pères-fils a souvent disparu, un autre paraît bien en train de surgir : un conflit fils-pères, les premiers reprochant aux seconds leur absence de résistance, leur refus d'exercer une autorité qu'ils aimeraient contester, mais qui les rassurerait par son existence même. L'indulgence des pères exige des fils héroïques.

Bien des enfants d'aujourd'hui se promettent sans le cacher d'être des parents sévères… Retour en arrière ? La sévérité de demain ne sera pas, semble-t-il, celle d'hier ou d'avant-hier. Tels ou tels changements dans les mœurs ou les habitudes sont probablement irréversibles. Mais si ses points d'application risquent de n'être plus ceux de jadis, le retour à l'autorité familiale n'en est pas moins un souhait et peut-être un besoin.

JEAN PLANCHAIS, *Le Monde,* 21 septembre 1981.

SUJET DE RÉFLEXION

La sévérité vous semble-t-elle nécessaire à une bonne éducation ?

1. Trouvez trois arguments dans le texte expliquant l'absence d'autorité de certains parents.

2. Écriture. Expliquez cette phrase et illustrez-la par des exemples : *L'indulgence des pères exige des fils héroïques* (l. 25).

3. Écriture. Rédigez l'argument expliquant en quoi l'autorité des éducateurs peut être rassurante pour ceux qu'ils éduquent.

EXERCICE 6

Tirer parti de ses lectures.

Un père autoritaire

En approchant de son usine, le père Sorel appela Julien de sa voix de stentor ; personne ne répondit. Il ne vit que ses fils aînés, espèces de géants qui, armés de lourdes haches, équarrissaient les troncs de sapin, qu'ils allaient porter à la scie. Tout occupés à suivre exactement la marque noire tracée sur la pièce de bois, chaque coup de leur hache en séparait des copeaux énormes. Ils n'entendirent pas la voix de leur père. Celui-ci se dirigea vers le hangar ; en y entrant, il chercha vainement Julien à la place qu'il aurait dû occuper, à côté de la scie. Il l'aperçut à cinq ou six pieds plus haut, à cheval sur l'une des pièces de la toiture. Au lieu de surveiller attentivement l'action de tout le mécanisme, Julien lisait. Rien n'était plus antipathique au vieux Sorel ; il eût peut-être pardonné à Julien sa taille mince, peu propre aux travaux de force, et si différente de celle de ses aînés ; mais cette manie de lecture lui était odieuse, il ne savait pas lire lui-même.

Ce fut en vain qu'il appela Julien deux ou trois fois. L'attention que le jeune homme donnait à son livre, bien plus que le bruit de la scie, l'empêcha d'entendre la terrible voix de son père. Enfin, malgré son âge, celui-ci sauta lestement sur l'arbre soumis à l'action de la scie, et de là sur la poutre transversale qui soutenait le toit. Un coup violent fit voler dans le ruisseau le livre que tenait Julien ; un second coup aussi violent, donné sur la tête, en forme de calotte, lui fit perdre l'équilibre.

STENDHAL, *Le Rouge et le Noir.*

1. Dégagez de ce texte deux arguments pour défendre la thèse selon laquelle une sévérité excessive peut nuire à l'épanouissement personnel de l'enfant.

2. Citez deux livres que vous pourriez utiliser pour soutenir cette thèse.

EXERCICE 7

Exploiter un texte.

La confiance d'une mère

Quand Daniel naquit, j'avais dix-huit ans. J'achetai une quantité d'objets perfectionnés, baignoire pliante, chauffe-biberons à thermostat, stérilisateur. Je ne sus jamais très bien m'en servir. La baignoire, soit, mais le stérilisateur ! Il ne s'en porta pas plus mal. Je l'emmenais parfois dans les cafés : on l'y regardait avec surprise : ce n'était pas encore la mode. Il fut un bébé précurseur, un bébé hippie avant la lettre. Quand j'allais danser, il dormait dans la pièce qui servait de vestiaire, lové au milieu des manteaux. On s'aimait bien, avec une nuance d'étonnement envers le sort capricieux qui nous avait liés l'un à l'autre.

À cinq ans, il manifesta un précoce instinct de protection en criant dans le métro, d'une voie suraiguë : « Laissez passer ma maman. » À huit ans, il faisait « ses courses » et « son » dîner tout seul, quand il estimait que je rentrais trop tard le soir. Il me dépassait déjà complètement. À neuf ans, nous eûmes quelques conflits. Il refusa d'aller à l'école, de se laver, et de manger du poisson. Un jour je le plongeai tout habillé dans une baignoire, un autre jour Jacques le porta sur son dos à l'école : il hurla tout le long du chemin. Ces essais éducatifs n'eurent aucun succès. Du reste, il se corrigea tout seul. Nous décidâmes de ne plus intervenir…

À dix-huit ans il passa son bac. Un peu avant, il avait été couvert de bijoux comme un prince hindou ou un figurant de cinéma, une bague à chaque doigt. J'attendais en silence, ébahie et intéressée comme devant la pousse d'une plante, la mue d'une chenille.

Les bijoux disparurent. Il joua du saxophone, de la guitare. Il fit 4 000 kilomètres en auto-stop, connut les tribus du désert en Mauritanie, vit un éléphant en liberté, voyagea couché à plat ventre sur un wagon, à demi asphyxié par la poussière. Il constata que Dakar ressemble étonnamment à Knokke-le-Zoute (Belgique).

Il revint pratiquement sans chaussures, les siennes ayant fondu à la chaleur du désert, mais doté d'un immense prestige auprès de ses frères et sœurs. Il rasa ses cheveux et fit des sciences économiques. Voilà la saga de Daniel.

Dans tout cela, où est l'éducation ? Si Daniel, qui va atteindre sa majorité[1] cette année, est un bon fils, un beau garçon, doué d'humour et de sérieux, de fantaisie et de bon sens, y suis-je pour quelque chose ? Ah, pour rien, pour rien, et pourtant pour quelque chose, une toute petite chose, la seule peut-être que je lui ai donnée, la seule, me dis-je parfois avec orgueil, qu'il était important de lui donner : la confiance.

Ce qui ne veut pas dire que tous les problèmes soient résolus. Daniel vient d'acheter un singe.

FRANÇOISE MALLET-JORIS, *La Maison de papier*, éd. Grasset.

1. L'âge de la majorité était à l'époque de 21 ans.

SUJET DE RÉFLEXION

La sévérité est-elle nécessaire à une bonne éducation ?

1. Quelle thèse ce texte pourrait-il illustrer ?

2. Écriture. Formulez, à partir du texte, deux arguments soutenant cette thèse.

EXERCICE 8

Tirer parti de son expérience personnelle.

Exemple tiré d'une expérience

Jusqu'à l'âge de quinze ans, je n'étais jamais parti en vacances sans mes parents. Je devais en outre, pendant ces périodes, respecter des horaires stricts pour les repas et les promenades. J'en avais pris l'habitude et ne pensais pas que l'on pût vivre autrement, me laissant bercer par un rythme de vie que je n'avais pas eu à imaginer.

Argument

Une sévérité excessive détruit l'esprit d'initiative, anéantit la créativité et la personnalité.

Écriture. Formulez pour chacun des deux exemples suivants l'argument plus abstrait dont il est l'illustration.

a) *Totalement livré à lui-même, il en venait à se demander parfois s'il avait vraiment des parents. Lorsqu'il leur demandait s'il pouvait faire ceci ou cela, leur réponse était toujours affirmative ou évasive. Il finissait par ne plus rien demander ni désirer. Lorsqu'il fallut choisir un métier, il dut s'avouer qu'il n'avait aucune idée à ce sujet.*

b) *Ce jour-là il y avait un match de rugby passionnant au stade et tous mes camarades avaient obtenu l'autorisation de s'y rendre ensemble. Mais je ne pus y assister car ma mère estimait qu'il y avait mieux à faire, compte tenu de mes derniers résultats en français. Je fis tout mon possible pour redresser la barre, j'améliorai mes performances littéraires… et les portes du stade s'ouvrirent à nouveau pour moi le dimanche suivant.*

Exercice 9

Argumenter.

1. Trouvez trois arguments confirmant la thèse suivante : *Les différences dans les habitudes de vie et le barrage de la langue peuvent entraîner la haine.* Proposez trois arguments soutenant la thèse inverse : *Ces différences peuvent être source d'enrichissement.*

2. Trouvez trois arguments confirmant l'idée courante selon laquelle l'adolescence est le plus bel âge de la vie. Proposez trois arguments soutenant la thèse inverse.

3. Trouvez trois arguments confirmant cette citation de La Fontaine : *La raison du plus fort est toujours la meilleure.* Proposez trois arguments soutenant la thèse inverse.

4 Ordonner des arguments

Exercice 10

Articuler des arguments à l'aide de connecteurs logiques.

Écriture. En utilisant les mots de liaison suivants dans l'ordre dans lequel ils sont donnés, construisez une argumentation sur l'importance du sport au collège :

certes, pourtant, en effet, d'une part, d'autre part, de plus, enfin, donc.

Exercice 11

Ordonner les conséquences d'un fait .

Écriture. Tirez deux conséquences positives et deux conséquences négatives du fait suivant : *La vitesse a profondément modifié nos façons de vivre et nos comportements.* Vous choisirez un ordre logique pour classer vos arguments.

Exercice 12

Ordonner les causes d'un fait.

Écriture. Dégagez trois causes possibles du constat suivant et ordonnez-les selon leur importance : *De nos jours, le voyage est de moins en moins une aventure.*

Exercice 13

Construire une chaîne logique d'arguments.

Sujet de réflexion

Pourquoi le journal est-il un meilleur instrument d'information que la télévision ?

Organisez les arguments suivants en une chaîne logique répondant à la question du sujet :

a) *Le journal est le garant de la liberté d'information.*

b) *La diversité et le foisonnement du monde sont présents dans le journal.*

c) *La presse est le lieu privilégié de la discussion des idées.*

d) *Le journal est la source de documentation permanente la plus simple.*

CHAPITRE

15 Illustrer les arguments par des exemples

LIRE ET OBSERVER

Comment définir la civilisation ?

Sigmund Freud, *Malaise dans la culture*, trad. P. Cotet, R. Lainé et J. Stute-Cadiot, éd. PUF.

Nous reconnaissons donc le niveau de culture d'un pays quand nous trouvons qu'en lui est entretenu et traité de façon appropriée tout ce qui sert à l'utilisation de la terre par l'homme et à la protection de (A 1) celui-ci contre les forces de la nature, donc, brièvement résumé : ce qui lui est utile. Dans un tel pays, les fleuves qui menacent de provoquer des inondations auraient leurs cours régularisé, leur eau amenée par des canaux là où on en est privé. Le sol serait travaillé avec soin et serait planté des végétaux qu'il est propre à porter, les richesses minérales des profondeurs seraient extraites avec diligence et trans- (Ex. 1) formées pour en faire les outils et instruments requis. Les moyens de communication seraient abondants, rapides et sûrs, les animaux sauvages et dangereux seraient exterminés, l'élevage des animaux domestiqués serait florissant. Mais il nous faut poser encore d'autres exigences à la culture (...). Nous réclamons encore de voir les signes de la pro- (A 2) preté et de l'ordre. Nous ne nous faisons pas une haute idée de la culture d'une ville de province anglaise à l'époque de Shakespeare quand nous lisons qu'un gros tas de fumier s'étalait devant la porte de sa maison paternelle à Stratford ; nous sommes indignés et crions au « bar- (Ex. 2) bare » ce qui est l'opposé du culturel – quand nous trouvons les chemins du Wiener Wald[1] jonchés de papiers épars. Toute espèce de saleté nous semble incompatible avec la culture (...).

arguments

exemples

conclusion partielle

1. *Wiener Wald* : forêts pittoresques aux alentours de Vienne.

Repérer

Freud démontre la **thèse** suivante : pour les Occidentaux, la civilisation est une forme d'ordre imposé à la nature sauvage. Il développe **deux arguments** : un pays civilisé doit être protégé contre les forces naturelles (A1) ; un pays civilisé doit avoir une exigence d'ordre et de propreté (A2). Chacune de ces deux idées abstraites est illustrée par **des exemples** concrets.

Analyser

Des exemples concrets

Les exemples se distinguent nettement de l'idée par leur caractère **concret**. Ainsi, les expressions *cours régularisé* (l. 6), *eau amenée par des canaux* (l. 7), *animaux (...) dangereux (...) exterminés* (l. 11-12) concrétisent le premier argument mis en évidence par l'expression générale, *la protection [de l'homme] contre les forces de la nature* (l. 3-4). De même, l'idée de désordre et de malpropreté traditionnellement associée à l'idée de barbarie est illustrée dans le texte par l'expression *un gros tas de fumier* (l. 17).

Des exemples pertinents

Le développement de l'exemple est nettement **limité aux éléments nécessaires** pour illustrer l'argument. Ainsi, l'auteur évite les digressions et ne déverse pas d'éléments de la biographie de Shakespeare qui n'auraient rien à voir avec la propreté.

Des exemples variés

Freud emprunte ses exemples à des **domaines très différents**. Dans la première série, les exemples sont d'ordre **géographique**. Ils pourraient être empruntés à un manuel scolaire. Dans la deuxième série, Freud fait référence à ses **lectures**, comme le montre l'expression *quand nous lisons que* (l. 16-17). C'est à sa propre **expérience**, à ses promenades dans les forêts de Vienne (*Wiener Wald*), qu'il fait appel à la fin du texte. Connaissances, lectures, souvenirs personnels : l'auteur convoque les différentes sphères de son expérience pour conduire vers une même conclusion.

RETENIR

1. L'exemple illustre l'argument. Il donne à une idée abstraite un caractère plus vivant et **concret**. EXERCICES 1 À 4

2. Vous pouvez choisir vos exemples en puisant dans :
– votre **expérience personnelle** toujours préférable à des clichés ;
– vos **lectures** ;
– vos **connaissances** en histoire, dans l'actualité et les arts.
Mais il faut s'en tenir aux indications données par le sujet qui parfois précise les domaines auxquels vous devez limiter votre réflexion. EXERCICES 5 À 9

3. Il est indispensable de ne **sélectionner** dans un exemple que les éléments propres à éclairer l'argument et de lui donner suffisamment de relief.
Ainsi, lorsque vous citez un livre, évitez de vous contenter d'une allusion mais **articulez** le plus logiquement possible l'argument et l'exemple. EXERCICES 10 À 12

S'EXERCER ET RÉDIGER

1 Concrétiser un argument par des exemples

Exercice 1

Repérer l'exemple.

Le loup et l'agneau

La raison du plus fort est toujours la meilleure :
Nous l'allons montrer tout à l'heure.
Un agneau se désaltérait
Dans le courant d'une onde pure.
Un loup survient à jeun, qui cherchait [aventure,
Et que la faim en ces lieux attirait.
« Qui te rend si hardi de troubler mon [breuvage ?
Dit cet animal plein de rage :
Tu seras châtié de ta témérité.
– Sire, répond l'agneau, que Votre Majesté
Ne se mette pas en colère ;
Mais plutôt qu'elle considère
Que je me vas désaltérant
Dans le courant,
Plus de vingt pas au-dessous d'Elle ;
Et que par conséquent, en aucune façon,
Je ne puis troubler sa boisson.
– Tu la troubles, reprit cette bête cruelle ;
Et je sais que de moi tu médis l'an passé.
– Comment l'aurais-je fait si je n'étais pas né ?
Reprit l'agneau ; je tête encor ma mère.
– Si ce n'est toi, c'est donc ton frère.
– Je n'en ai point. – C'est donc quelqu'un des [tiens,
Car vous ne m'épargnez guère,
Vous, vos bergers, et vos chiens.
On me l'a dit : il faut que je me venge. »
Là-dessus, au fond des forêts
Le loup l'emporte et puis le mange,
Sans autre forme de procès.

Jean de La Fontaine, « Le loup et l'agneau », *Fables*, livre I, 10.

1. Distinguez l'idée de l'exemple qui l'illustre.

2. Comment le loup se justifie-t-il ?

3. Écriture. Illustrez la thèse opposée avec un exemple concret (*10 lignes*).

Exercice 2

Exploiter un exemple.

Vivre à Bouville

Comme je me sens loin d'eux, du haut de cette colline. Il me semble que j'appartiens à une autre espèce. Ils sortent des bureaux, après leur journée de travail, ils regardent les maisons et les squares d'un air satisfait, ils pensent que c'est leur ville, une « belle cité bourgeoise ». Ils n'ont pas peur, ils se sentent chez eux. Ils n'ont jamais vu que l'eau apprivoisée qui coule des robinets, que la lumière qui jaillit des ampoules quand on appuie sur l'interrupteur, que les arbres métis, bâtards, qu'on soutient avec des fourches. Ils ont la preuve, cent fois par jour, que tout se fait par mécanisme, que le monde obéit à des lois fixes et immuables. Les corps abandonnés dans le vide tombent tous à la même vitesse, le jardin public est fermé tous les jours à seize heures en hiver, à dix-huit heures en été, le plomb fond à 335°, le dernier tramway part de l'Hôtel de Ville à vingt-trois heures cinq. Ils sont paisibles, un peu moroses, ils pensent à demain, c'est-à-dire, simplement, à un nouvel aujourd'hui.

Jean-Paul Sartre, *La Nausée*, éd. Gallimard.

1. Étudiez le jeu des pronoms personnels dans le texte. Quelle opposition permet-il de percevoir ?

2. À partir des exemples évoqués par l'auteur, retrouvez et formulez de façon explicite les arguments qu'ils illustrent.

3. Écriture. *Comme je me sens loin d'eux (...). Il me semble que j'appartiens à une autre espèce* (l. 1-3). Comme le narrateur, vous vous sentez d'une *autre espèce* et parfois loin de ceux qui vous entourent. Développez des exemples pris dans votre expérience personnelle qui illustrent ce sentiment (*30 lignes*).

Exercice 3

Retrouver l'argument à partir d'un exemple.

Inventions techniques

Les moteurs mettent à [la] disposition [de l'homme] des forces gigantesques qu'il peut, à l'instar de ses muscles, dépêcher dans n'importe quelle direction ; le navire et l'avion font que ni l'eau ni l'air ne peuvent entraver son déplacement. Avec les lunettes il corrige les défauts de la lentille de son œil, avec le télescope il voit à des distances lointaines, avec le microscope il surmonte les frontières de la visibilité qui sont délimitées par la conformation de sa rétine. Avec l'appareil photographique il a créé un instrument qui retient les impressions visuelles fugitives, ce que le disque du gramophone est tenu de lui fournir pour les impressions sonores également passagères, tous deux étant au fond des matérialisations de la faculté de se souvenir qui lui est donnée, c'est-à-dire de sa mémoire. À l'aide du téléphone il entend de loin, à des distances que même le conte respecterait comme inaccessibles (...).

Sigmund Freud, *Malaise dans la culture*, trad. P. Cotet, R. Lainé et J. Stute-Cadiot, éd. PUF.

Écriture.

1. Dans le texte original, cet extrait illustrait un argument. Retrouvez cet argument et formulez-le le plus précisément possible.

2. Enrichissez les exemples de l'auteur de trois découvertes plus récentes.

Exercice 4

Rédiger un exemple.

1. Trouvez les équivalents français des mots anglais suivants :
self-control, speech, thriller, discount, fast-food, play-boy, fair-play, payer cash.

2. Écriture. Rédigez un paragraphe illustrant la thèse suivante : *L'utilisation de mots anglais dans la langue française est une mode plus qu'une nécessité car ces mots ont souvent des équivalents français.* Vous emploierez les mots de la question 1.

2 Choisir des exemples

Exercice 5

Trouver des exemples personnels.

Le sens du confort

Je suis porté à croire que notre actuelle passion du confort est un peu excessive. Bien que, personnellement, j'apprécie vivement le confort, j'ai vécu très heureux dans des maisons privées d'à peu près tout ce que les Anglo-Saxons estiment indispensable. Les Orientaux et même les Européens méridionaux, qui ne connaissent pas le confort et qui vivent à peu de choses près comme vivaient nos ancêtres il y a plusieurs siècles, semblent se trouver fort bien de l'absence de notre appareil compliqué et coûteux de luxe capitonné. Je suis assez « vieux jeu » pour croire à une hiérarchie des choses, et je ne vois pas d'intérêt au progrès matériel, sinon en ce qu'il se met au service de la pensée. J'aime les appareils économiseurs de travail matériel, parce qu'ils évitent une dépense de temps et d'énergie qui peuvent être consacrés à des travaux intellectuels. A 1

J'aime le transport rapide et facile, parce qu'en élargissant le monde dans lequel vivent les hommes il élargit aussi leur esprit. A 2

Le confort possède, pour moi, une justification analogue : il facilite la vie mentale. Le méconfort entrave la pensée (...). A 3

Le confort est un moyen en vue d'une fin. Le monde moderne semble le considérer comme une fin en soi.

Aldous Huxley, *Le Plus Sot Animal*, D.R.

1. Expliquez la phrase suivante : *je ne vois pas d'intérêt au progrès matériel, sinon en ce qu'il se met au service de la pensée* (l. 15).

2. Trouvez un exemple qui illustre cette affirmation.

3. Écriture. Développez un exemple personnel pour illustrer chacun des arguments (A1, A2, A3) du texte d'Aldous Huxley.

EXERCICE 6

Tirer parti de son expérience personnelle.

Le sans-gêne des touristes

Chacun de nous a pu, peu ou prou, observer le sans-gêne des touristes se comportant à l'étranger en terrain conquis, étalant devant les indigènes – avec quelquefois une superbe qu'ignorèrent les plus fieffés colonialistes – des comportements contraires aux us et coutumes locaux.

J.-P. PÉRONCEL-HUGOZ, *Le Monde,* 19 février 1994.

Écriture. Illustrez l'idée de l'auteur en tirant parti de votre propre expérience de touriste ou des observations que vous avez pu faire sur le comportement de touristes étrangers dans votre pays *(15 lignes)*.

EXERCICE 7

Développer deux exemples parallèles.

L'adolescence

L'adolescent, grâce à sa personnalité naissante, se pose en égal de ses aînés, mais il se sent autre, différent d'eux par la vie nouvelle qui s'agite en lui. Et alors, comme il se doit, il veut les dépasser et les étonner en transformant le monde. C'est pourquoi les systèmes ou plans de vie des adolescents sont à la fois pleins de sentiments généreux, de projets altruistes (…) et inquiétants (…) d'égocentrisme conscient.

JEAN PIAGET, *Six Études de psychologie,* éd. Denoël.

1. Formulez la thèse et l'argument développés dans cet extrait.

2. Écriture. Complétez ce paragraphe en trouvant dans votre expérience personnelle des exemples éclairant l'argument exposé dans le texte.

3. Écriture. Choisissez parmi les héros suivants celui qui pourrait vous fournir un exemple littéraire, puis rédigez l'exemple.
Le Grand Meaulnes (Alain-Fournier),
Julien dans Le Rouge et Le Noir *(Stendhal),*
Rastignac dans Le Père Goriot *(Balzac).*

EXERCICE 8

Tirer parti de ses connaissances historiques.

L'intolérance

L'intolérance n'est sans doute pas plus répandue qu'elle ne l'était jadis – au contraire même. Elle marque depuis toujours l'histoire de l'espèce. Elle s'apparente peut-être à cet instinct de possession et de sécurité qui pousse l'animal à défendre son territoire contre toute intrusion.

Allant au-delà de l'esprit de conquête qui s'en prend aux biens, elle conduit à la domination, à l'extermination, car dès lors qu'il existe, l'autre représente un danger. Elle refuse l'existence à celui qui ne partage pas la même croyance.

EDGAR PISANI, *Courrier de l'Unesco,* juin 1992.

1. Quelle est la thèse soutenue par Edgar Pisani ?

2. Trouvez trois exemples historiques qui illustrent cette thèse.

3. Écriture. Rédigez un paragraphe pour présenter ces trois exemples qui vont dans le même sens. Vous les enchaînerez par des liens logiques exprimant un rapport d'addition (cf. chapitre 8) et terminerez le paragraphe par une conclusion partielle.

EXERCICE 9

Tirer parti de ses lectures.

L'indifférence

Le monde balance entre l'indifférence et l'intolérance. La sympathie est comme morte. L'indifférence est grave. Dans les grandes villes, dans les sociétés occidentales, partout où les communautés élémentaires ont disparu ou se sont affadies, chacun est seul et plus personne ne communique. Un mal ronge non les êtres, mais leurs relations réciproques. Nous ne nous écoutons plus ; nous ne nous voyons plus. Existons-nous aux yeux des autres et ceux-ci existent-ils pour nous ? Rencontres de hasard sur fond d'égocentrisme.

EDGAR PISANI, *Courrier de l'Unesco,* juin 1992.

1. Quelle est l'idée développée par Edgar Pisani dans son texte ?

2. Développez un exemple tiré de votre expérience pour illustrer cette idée.

3. Dans la première page de son roman *La Vie mode d'emploi*, Georges Perec évoque le même sentiment face à la vie moderne. Utilisez cette lecture pour rédiger un deuxième exemple confirmant l'impression d'Edgar Pisani.

Dans l'escalier

Oui, cela pourrait commencer ainsi, ici, comme ça, d'une manière un peu lourde et lente, dans cet endroit neutre qui est à tous et à personne, où les gens se croisent presque sans se voir, où la vie de l'immeuble se répercute, lointaine et régulière. De ce qui se passe derrière les lourdes portes des appartements, on ne perçoit le plus souvent que ces échos éclatés, ces bribes, ces débris, ces esquisses, ces amorces, ces incidents ou accidents qui se déroulent dans ce que l'on appelle les « parties communes », ces petits bruits feutrés que le tapis de laine rouge passé étouffe, ces embryons de vie communautaire qui s'arrêtent toujours aux paliers. Les habitants d'un même immeuble vivent à quelques centimètres les uns des autres, une simple cloison les sépare, ils se partagent les mêmes espaces répétés le long des étages, ils font les mêmes gestes en même temps, ouvrir le robinet, tirer la chasse d'eau, allumer la lumière, mettre la table, quelques dizaines d'existences simultanées qui se répètent d'étage en étage, et d'immeuble en immeuble, et de rue en rue. Ils se barricadent dans leurs parties privatives – puisque c'est comme ça que ça s'appelle – et ils aimeraient bien que rien n'en sorte (…). Car tout ce qui se passe passe par l'escalier, tout ce qui arrive arrive par l'escalier, les lettres, les faire-part, les meubles que les déménageurs apportent ou emportent, le médecin appelé en urgence, le voyageur qui revient d'un long voyage. C'est à cause de cela que l'escalier reste un lieu anonyme, froid, presque hostile.

GEORGES PEREC, *La Vie mode d'emploi*, éd. Hachette.

3 Articuler l'exemple et l'argument

EXERCICE 10

Relier l'argument et l'exemple.

1. Parmi les propositions suivantes distinguez les arguments des exemples :

a) *La ville est un lieu où il est facile de perdre son temps dans une agitation fiévreuse et inefficace.*

b) *Il n'y a que dans une grande ville que l'on est totalement libre d'être soi-même.*

c) *En ville, les façons de s'habiller, de penser ou de s'amuser les plus diverses se côtoient.*

d) *Courir pour ne pas manquer son bus, acheter son pain et son journal au vol en rentrant, rester coincé une heure dans un embouteillage, voilà la vie que l'on mène en ville.*

e) *Murs de ciment, empilements de cubes, passerelles et souterrains sont autant de freins au désir de flâner.*

f) *Anonymat et laideur caractérisent trop souvent les villes modernes où tout est conçu pour être pratique avant tout.*

2. Faites correspondre à chaque argument l'exemple qui l'illustre.

3. Écriture. Rédigez l'exemple de façon à l'articuler à l'argument. Vous aurez soin d'utiliser un mot de liaison comme *ainsi* ou *de cette façon*, pour qu'il n'y ait pas de rupture entre l'argument et l'exemple.

EXERCICE 11

Développer des exemples.

La démission familiale

Dans les grandes agglomérations, les jeunes sont de moins en moins enracinés dans leur famille. En effet, celle-ci est souvent absente, retenue par le travail, les transports, la fatigue. De plus, la collectivité a créé ou développé des institutions qui attirent les jeunes : l'école, le stade, le foyer, l'organisation de loisirs. L'éducateur et l'animateur assistent les parents dans leur rôle éducatif et insensiblement, ils peuvent se substituer à eux si les parents n'y prennent pas garde. Ajoutons à cela que le logement familial, exigu, bruyant, est souvent fui par le jeune qui n'y trouve pas l'espace adapté à ses jeux, à son besoin d'activité et souvent les parents, en quête de tranquillité, encouragent cette fuite.

ALAIN PEYREFITTE, *Réponse à la violence*, D.R.

1. Quelle est la thèse défendue par l'auteur ?

2. Quels sont les trois arguments qui expliquent ce point de vue ?

3. Écriture. Pour chacun de ces arguments, développez un exemple que vous emprunterez alternativement à votre expérience et à vos lectures.

EXERCICE 12

Exploiter un document pour trouver des exemples.

Jeux vidéo

Un enfant retrouve goût à la vie, l'envie de parler, de nouer des contacts en participant à un concours de jeux vidéo. Telle est la trame du film *Vidéokid*, qui offre une vision idyllique des jeux vidéo comme thérapie. Dans *Le Cobaye*, un homme, utilisé par un savant pour des tests sur la réalité virtuelle, sombre dans la folie. Ce long métrage, adapté de la nouvelle de Stephen King, montre les dangers de la réalité virtuelle tout en étant trop caricatural pour qu'on y croie vraiment.

Le message délivré par ces deux films, récemment sortis sur les écrans, mérite d'être discuté. L'engouement manifesté par les enfants – et les adultes – pour les jeux vidéo est en effet considérable et croît avec les progrès techniques réalisés dans la conception de ces jeux. Elisabeth et Jeff Loftus, dans *The Psychology of Video Games*, expliquent ce phénomène par deux raisons : le jeu offre un monde de rechange à l'intérieur duquel aucune faute n'est irrémédiable (le joueur peut toujours recommencer), il est adaptable à la célérité de l'individu qui peut rapidement améliorer son adresse. Dans une enquête sur les monstres dans les jeux vidéo réalisée par Hervé Martin, le rédacteur en chef d'un magazine de jeux vidéo reconnaît : « C'est vrai que le fait de tuer des monstres pousse à être de plus en plus rapide, mais pour moi c'est positif. » L'argument est recevable mais doit être manié avec précaution. Ainsi, le jeune homme ajoute : « Quand un jeu me passionne, je peux devenir un peu fou. Il m'est arrivé plusieurs fois de jeter mon *joystick* (la manette de jeu) par la fenêtre car je n'arrivais pas à tuer un monstre assez vite. »

Ce souci d'efficacité et de rapidité peut faire perdre toute notion de temps. Il engendre aussi l'ennui et le désintérêt pour tout ce qui n'est pas jeu. Ainsi Gaëtan, neuf ans, interrogé par Craig Brod dans l'ouvrage *Technostress*, explique qu'il a l'impression de perdre son temps : « Les profs parlent moins vite qu'un ordinateur, ça m'énerve. » Jean-Loup, dix ans : « Depuis les jeux vidéo, la télévision, ça me rase. C'est trop lent et on ne peut rien faire. » Un petit écran en remplace un autre. Surtout, le joueur éprouve un besoin croissant d'isolement. Pour pouvoir mieux se consacrer à sa passion mais aussi pour récupérer l'énergie dépensée à battre des records.

CÉCILE FONTANA, *La Croix*, 20 août 1992.

1. Quelles sont les deux thèses que l'auteur confronte dans cet article ? Formulez-les.

2. Relevez les différents exemples utilisés pour illustrer chacune des deux thèses. À quels domaines sont-ils empruntés ?

3. Écriture. Réutilisez-les dans un paragraphe personnel pour défendre votre propre opinion sur les jeux vidéo.

CHAPITRE 16

Rédiger un paragraphe argumentatif

LIRE ET OBSERVER

L'ère des « hommes-machines »

GEORGES DUHAMEL, *Chronique des saisons amères*, éd. du Mercure de France.

Le machinisme a mis à la disposition de tous et de chacun une puissance démesurée. Il est très difficile de conserver la raison quand on dispose d'une telle puissance. L'homme qui, volontiers, s'effacerait devant une porte pour laisser passer son voisin, cet homme, s'il pilote une « quinze chevaux », entend bien dépasser le modeste possesseur d'une voiture de dix chevaux. Ne le voudrait-il pas qu'il y est en quelque sorte contraint par les lois de la matière. Sa machine lui force la main. Il donne donc un coup de Klaxon qui signifie : « Rangez-vous, et sans tarder, puisque je suis plus fort que vous. Rangez-vous ! Laissez-moi passer. À vous de recevoir la fange de mes roues. À vous de respirer les gaz puants de mon moteur. D'ailleurs, je ne vous boucherai pas longtemps la vue. Je vous suis bien supérieur par la cylindrée, par la souplesse, par les reprises, par toutes ces vertus honorifiques, célébrées par les articles et les prospectus. Rangez-vous ou je vous bouscule, car je manque de patience. » Ainsi pense, et le plus souvent même sans le savoir, l'homme qui dispose d'une puissante mécanique. (...) Le climat de la mécanique n'est pas celui de la politesse. La civilisation mécanique a restauré les lois de la jungle. ■

thèse
argument
exemple
conclusion partielle

Analyser

● Georges Duhamel accuse la civilisation « mécanicienne » moderne d'avoir détruit l'essentiel des relations humaines et d'avoir restauré entre les individus des rapports de force. Il formule son opinion dans le cadre d'un **paragraphe argumentatif.**

● Le paragraphe constitue une **unité cohérente**. Il comprend :

– **la thèse** : le machinisme donne à chacun *une puissance démesurée (l. 2)* ;

– **l'argument** subordonné à l'idée et qui s'attache ici à trouver une explication. Thèse et argument sont donc reliés par une **relation logique** que l'on peut expliciter ici par le mot *en effet* : *cette puissance est démesurée. En effet, elle fait perdre la raison* ;

– **l'exemple** prend l'allure d'une anecdote relatant le comportement dominateur du conducteur d'une grosse voiture. La succession insistante d'**impératifs** met en relief l'idée d'autorité excessive et déplacée. L'idée de puissance est explicitée par tout un **champ lexical** qui suggère un rapport de force : le comparatif *je suis plus fort que vous* (l. 9), l'expression à valeur superlative *je vous suis bien supérieur* (l. 12) illustrent le sentiment de supériorité déraisonnable qu'évoquait l'auteur au début du paragraphe. L'idée de machinisme prend une tournure plus concrète à travers des expressions comme *l'homme, s'il pilote une « quinze chevaux »* (l. 5) ou *le modeste possesseur d'une voiture de dix chevaux* (l. 5) ;
– **la conclusion** clôt le paragraphe et redonne force à l'idée principale. En choisissant l'expression *loi de la jungle* (l. 18) et en l'opposant au mot *politesse* (l. 17), l'auteur résume efficacement son opinion.

RETENIR

Le paragraphe argumentatif est l'unité de base de votre devoir de réflexion.

1. La composition du paragraphe

Le paragraphe constitue un ensemble cohérent et comporte des étapes obligées :
– la thèse. Elle est formulée dans le cas d'un paragraphe isolé. Si vous rédigez une succession de paragraphes, la thèse n'apparaît que dans le premier paragraphe.
– l'argument ;
– l'exemple ;
– la conclusion partielle.

EXERCICES 1 À 4

2. La rédaction du paragraphe

Cohérence lexicale et **articulations logiques** soignées seront les deux points forts de votre paragraphe argumentatif.

– Vous devez formuler la **thèse** en tête de paragraphe de manière concise, précise et à l'aide d'un vocabulaire abstrait.

– Rédiger l'**argument** consiste souvent en une recherche des causes, des conséquences d'un fait. Subordonnez ensuite l'argument à la thèse en exprimant la relation logique qui permet de les associer.

– L'**exemple** est concret et souvent narratif. Vous devez l'intégrer aux autres éléments du paragraphe par des mots de liaison *(➤ de cette façon, c'est ainsi que)*. Pour éviter les digressions, rédigez-le en vous appuyant sur un champ lexical.

– Revenez dans la **conclusion partielle** à une formulation plus abstraite pour résumer la démonstration et annoncer le paragraphe suivant. La conclusion sert donc parfois aussi de **transition**.

EXERCICES 5 À 11

S'EXERCER ET RÉDIGER

1 La composition du paragraphe

EXERCICE 1

Repérer les éléments du paragraphe argumentatif.

Comment être cultivé ?

Faut-il apprendre beaucoup pour être cultivé ? Pas nécessairement et surtout pas trop. Notre cerveau ressemble à un immense ordinateur complexe. Ses mémoires se remplissent par toutes les incitations reçues de l'extérieur et Dieu sait si elles sont nombreuses, de plus en plus chaque année. Le grand problème pour l'enfant et l'homme est précisément de ne pas saturer toutes ses mémoires, de ne pas tout connaître, de garder des places libres et il en faut beaucoup pour accueillir les nouveautés qui défilent à toute allure. Surtout, ne saturons pas le cerveau. Gardons-nous d'être des dictionnaires vivants. Il y en a : ils nous étonnent quand ils donnent toutes les réponses aux questions compliquées, qu'elles soient bleues, vertes ou rouges, de certains jeux radiophoniques. Les pauvres, ils ne sont pas cultivés, ils sont saturés, on extrait les informations de leur cerveau comme on en extrait d'un ordinateur dont toutes les mémoires sont occupées.

LOUIS LEPRINCE-RINGUET, *Sciences et Bonheur des hommes*, éd. Flammarion.

1. Quelle est la thèse formulée par l'auteur ? Dans quelle phrase se trouve-t-elle ?

2. Quelle comparaison utilise-t-il en guise d'argument ?

3. Relevez tous les mots appartenant au même champ lexical qui permettent d'assurer la cohérence du paragraphe.

4. Quelle phrase du texte sert d'exemple ?

5. Quel mot dans la phrase de conclusion fait écho au thème annoncé au début du paragraphe ?

6. Rédigez une phrase soutenant la thèse inverse.

EXERCICE 2

Identifier les étapes de paragraphes argumentatifs.

La crise de la cellule familiale au Japon

Cette crise de la famille nucléaire[1] se reflète dans les usages qui règlent l'organisation des repas. C'étaient autrefois de véritables rituels qui renforçaient la cohésion du groupe. Cette fonction essentielle s'affaiblit aujourd'hui et dans nombre de familles la plupart des repas ne sont plus pris en commun. Près de 60 % des pères ne participent pas au petit déjeuner et 30 % sont absents au dîner. Le plus souvent, la mère déjeune seule à la maison. La raréfaction des repas communautaires affaiblit certainement le lien psychologique entre membres d'une même famille.

De même, le développement des moyens et des appareils médiatiques va à l'encontre du sentiment communautaire. La famille cesse d'être un lieu d'échange des informations. Ainsi, avec l'augmentation du nombre des chaînes, la télédistribution et la diversification des programmes, regarder la télévision devient un acte individuel. Chaque membre de la famille dispose, de plus en plus, de sources d'information spécifiques et tend de moins en moins à les partager avec ses proches.

KURIMOTO KAZUO, *Courrier de l'Unesco*, juillet 1989.

1. Famille nucléaire : famille dont les membres sont séparés ou éloignés les uns des autres pour des raisons souvent professionnelles.

1. Pour expliquer que les liens familiaux au Japon connaissent un très net relâchement, l'auteur développe deux arguments qui font l'objet de deux paragraphes successifs. Quel connecteur logique relie ces deux paragraphes ? Pourquoi ?

2. Repérez dans chaque paragraphe l'argument, l'exemple et la conclusion.

3. Écriture. Pensez-vous que la famille française connaisse de telles formes de dégradations ? Défendez votre point de vue en rédigeant deux paragraphes argumentatifs.

Exercice 3

Trouver des exemples pour rédiger un paragraphe.

La mode

1. Voici trois arguments et trois exemples. Regroupez l'argument et l'exemple qui l'illustre.

a) *Suivre la mode, c'est souvent et inconsciemment se conformer à un modèle proposé par les média.*

b) *Quand on suit une mode, on peut s'intégrer dans un groupe.*

c) *La cravate et la mallette sont les emblèmes du cadre : il est difficile de l'imaginer sans ces accessoires.*

d) *Beaucoup de groupes (d'âges, de catégories sociales, de métiers, etc.) ont des vêtements, un langage, des habitudes qui les définissent : ils peuvent donc imposer à leurs membres des modes.*

e) *Beaucoup de jeunes portent des vêtements, des casquettes, des chaussures de sport selon l'image des séries télévisées américaines.*

f) *Si un individu adopte une coiffure excentrique, des comportements fantaisistes dans un groupe caractérisé par une mode conventionnelle, il sera exclu.*

2. Trouvez trois nouveaux exemples illustrant chacun des trois arguments précédents.

3. Quelle thèse ces trois arguments permettent-ils de soutenir ?

4. Écriture. Rédigez un paragraphe présentant cette thèse, un argument et un exemple personnel.

Exercice 4

Développer une argumentation par un paragraphe.

Le rôle des mathématiques

Depuis que la vie sociale est – ou semble être – dominée par la technique, et que la technique nous ébahit, c'est devenu un axiome[1] que la mathématique doit occuper la première place dans l'enseignement. D'abord, dit M. Tout-le-Monde, parce qu'elle régit cette technique. Ensuite, disent les plus éclairés, parce qu'elle est la discipline clé pour apprendre à raisonner. Est-ce évident ?

Si on voulait apprécier objectivement l'importance de l'outil mathématique dans la vie professionnelle, il faudrait passer en revue tous les métiers, et évaluer d'une part la population que chacun d'eux occupe et, d'autre part, la dose exacte de mathématiques qu'il requiert. Une enquête aussi exhaustive et systématique n'a pas encore été faite, à ma connaissance. Mais si vous regardez candidement autour de vous combien de mathématiques emploient en fait, dans leur travail, les cinquante à cent personnes dont vous connaissez bien les occupations, vous ne trouverez sans doute pas exagérée l'estimation suivante, que je propose d'intuition : 95 % des professions, y compris élevées, ne demandent pas plus de mathématiques que le niveau de la troisième.

Il demeure vrai aujourd'hui que tout le reste de la mathématique, en tant qu'outil de travail, est spécialité pour spécialiste. Cela demeure vrai en dépit du « règne des ordinateurs », ou peut-être grâce à ce règne, qui dispense d'avoir le logarithme dans la tête puisqu'il est dans la machine. S'ils veulent conduire leur vie avec quelque succès et hauteur, les gens ont davantage besoin de physique et chimie – j'énumère les branches dans l'ordre croissant de leur utilité pratique –, de biologie et médecine (connaissance du corps), d'économie (connaissance des rouages sociaux), de technologie populaire, de psychologie et d'esthétique (connaissance des âmes et meublement des loisirs) – enfin, au sommet, de la maîtrise de la langue. Et combien ces disciplines sont négligées dans notre enseignement !

Édouard Labin, *Le Monde*, 14 octobre 1972.

1. Axiome : proposition admise par tout le monde sans discussion.

1. Quelle est, d'après l'auteur, la place que l'on accorde aux mathématiques dans l'enseignement actuel ?

2. Selon le texte, quels sont les deux arguments sur lesquels se fonde l'opinion publique pour ajouter foi à cette idée ?

3. L'auteur partage-t-il cet avis ? Quels arguments oppose-t-il aux défenseurs forcenés de la suprématie des mathématiques ?

4. Écriture. Choisissez une discipline qui vous paraît essentielle parmi celles citées dans le troisième paragraphe. Rédigez un paragraphe argumentatif pour soutenir la thèse selon laquelle, *s'ils veulent conduire leur vie avec quelque succès et hauteur*, les gens ont davantage besoin de cette discipline que de mathématiques.

2 La rédaction du paragraphe

Exercice 5

Enrichir son vocabulaire abstrait.

1. Classez les noms suivants en trois ensembles selon qu'ils expriment la cause, la conséquence ou le but :
un résultat, un effet, un mobile, une issue, une origine, un impact, une incidence, une raison, une fin, un fruit, un objectif, un facteur, un prétexte, un motif.

2. Tous les verbes suivants, sauf un, ont un sens en commun. Quel sens partagent-ils ? Quelle relation logique l'intrus permet-il d'exprimer ?
causer, engendrer, provoquer, entraîner, amener à, conduire à, découler de, déboucher sur, aboutir à.

3. Écriture. Rédigez un paragraphe soutenant la thèse suivante : *Les forêts de la planète sont dangereusement menacées.* Vous exploiterez les arguments proposés ci-dessous et les relierez à la thèse en exprimant des relations logiques de cause ou de conséquence à l'aide du lexique de la question 2.
a) *La pollution déverse des pluies acides.*
b) *Les pays industrialisés ne prennent pas les mesures nécessaires.*
c) *L'opinion est mal informée.*

Exercice 6

Passer du concret à l'abstrait.

Le beau

Demandez à un crapaud ce que c'est que la beauté. Il vous répondra que c'est sa femelle avec deux gros yeux ronds sortant de sa petite tête, une gueule large et plate, un ventre jaune, un dos brun. (...)

Interrogez le diable, il vous dira que le beau est une paire de cornes, quatre griffes, et une queue.

Voltaire, article « Beau », *Dictionnaire philosophique.*

1. Quelle thèse peut-on formuler à partir de ces exemples très concrets de Voltaire ? Choisissez parmi les propositions suivantes celle qui vous semble la plus pertinente :
a) *Les goûts changent.*
b) *Tous les goûts sont dans la nature.*
c) *Le beau est une notion très relative.*
d) *Les goûts reflètent la personnalité de chacun.*
e) *Les goûts et les couleurs ne se discutent pas.*
f) *On ne peut pas vraiment définir la beauté.*

2. Écriture. Prolongez la réflexion de Voltaire en formulant et en développant un argument et deux exemples pour soutenir cette même thèse. L'un sera tiré de votre expérience personnelle, l'autre de vos connaissances artistiques. Vous pourrez vous inspirer des impressions qu'éveillent en vous les images du chapitre 19.

Exercice 7

Relier l'exemple à l'argument.

La paresse

La paresse n'est pas un mythe, c'est une donnée fondamentale et comme naturelle de la situation scolaire. Pourquoi ? Parce que l'école est une structure de contrainte, que la paresse est un moyen, pour l'élève, de se jouer de cette contrainte. La classe comporte fatalement une force de répression, ne serait-ce que parce qu'on y enseigne des choses dont l'adolescent n'a pas forcément le désir. La paresse peut être une réponse à cette répression.

Interview de Roland Barthes par Christine Eff, *Le Monde,* 16 septembre 1979.

1. Quels sont la thèse et l'argument mis en avant par l'auteur ?

2. Écriture. Développez un exemple personnel, puis un exemple emprunté à vos lectures, pour illustrer cette opinion. Reliez l'exemple à l'argument en utilisant des mots de liaison *(20 lignes).*

Exercice 8

Observer une transition.

Le règne de l'automatisme

En même temps qu'elle entraîne ainsi toute une série de conséquences dans le domaine de l'organisation industrielle, l'automatisation modifie les conditions du travail humain.

Encyclopaedia Universalis, « Cybernétique ».

Retrouvez les deux thèses qui s'articulent autour de cette transition.

Exercice 9

Rédiger une transition.

Les vertus du sport

Dans le sport, la volonté de déployer des qualités physiques, de l'emporter par la force ou l'habileté sur l'adversaire est essentielle. Il suffit de penser aux disciplines comme la lutte ou le judo. (…)

Le sport permet de développer des qualités humaines, dans un esprit de *fair play* car l'idéal n'est pas d'écraser le vaincu. Dans un match de football, la beauté du jeu naît de l'équilibre entre des forces équivalentes et non du déséquilibre entre deux équipes trop inégales.

Écrivez la phrase de transition qui manque entre ces deux paragraphes.

Exercice 10

Développer un argument.

Aujourd'hui, les machines sont admirables et les visages fermés. Nous avons la technique, il nous manque le sourire. Si les sociétés industrielles continuent à concentrer tous leurs efforts sur le progrès technique, elles se heurteront à des obstacles de plus en plus redoutables et laisseront chacun de plus en plus insatisfait.

François de Closets, *Le Bonheur en plus,* éd. Denoël.

Complétez cet argument en rédigeant :
– la thèse qu'il cherche à justifier ;
– un exemple qui l'illustre ;
– une conclusion.

Exercice 11

Rédiger des paragraphes.

Rédigez des paragraphes d'une quinzaine de lignes chacun pour justifier, développer et illustrer chacune des thèses suivantes.
a) *Les jeux Olympiques ne représentent plus le même idéal sportif qu'autrefois.*
b) *La chanson fait partie de la culture des adolescents.*
c) *Il est nécessaire de restaurer le patrimoine culturel d'un pays.*
d) *Voyager en groupe,ce n'est pas vraiment voyager.*
e) *Les jeux vidéo engendrent chez les enfants un besoin d'isolement.*
f) *La vivisection est une pratique scandaleuse.*
g) *Le Paris-Dakar est une course indécente.*
h) *Il est nécessaire de réformer l'orthographe française.*

CHAPITRE

17 Organiser une réflexion

LIRE ET OBSERVER

SUJET DE RÉFLEXION

La vie de famille représente-t-elle, selon vous, une source de contraintes ou un facteur d'épanouissement ?
Vous répondrez à cette question en recourant à des exemples précis tirés de votre expérience personnelle ou de votre culture (lecture, films, émissions de télévision…)

Plan détaillé de développement

première partie

thèse → La vie de famille comporte presque toujours, pour l'enfant et l'adolescent, des contraintes.

argument 1 → La famille est le premier lieu d'éducation. Or éduquer, c'est souvent obliger, encadrer, interdire.

exemple 1 → Les punitions subies par Jacques dans *L'Enfant* de Jules Vallès.

argument 2 → La famille est également porteuse de traditions, d'habitudes, de conventions et d'interdits parfois en usage depuis plusieurs générations.

exemple 2 → Les contraintes liées aux heures des repas, aux réunions familiales, le respect des traditions religieuses, dans *Vipère au poing* d'Hervé Bazin.

argument 3 → Les situations de tension peuvent entraîner des conflits qui rendent la vie familiale difficile.

exemple 3 → Le divorce, la disparition d'un des parents.

deuxième partie

thèse → Cependant la vie de famille peut être aussi source d'épanouissement.

argument 1 → La famille peut être aussi un univers sécurisant dont on aime retrouver la convivialité et la chaleur.

exemple 1 → C'est ce que recherchent les personnages d'Hector Malot dans *Sans famille*.

argument 2 → C'est d'abord au sein de la famille que se développent les sentiments humains et les valeurs qui nous définissent.

exemple 2 → Les relations avec sa famille permettent au héros de *La Gloire de mon père* de Marcel Pagnol de grandir dans l'harmonie.

argument 3 → Même à travers ses contraintes et ses conflits, la vie de famille est formatrice : Elle permet de construire sa personnalité.

exemple 3 → Dans *Colomba* de Prosper Mérimée, c'est la famille qui donne sens à l'action des héros.

Analyser

Ce sujet de réflexion propose une alternative. Il appelle donc un **développement** en deux parties (1 : les contraintes ; 2 : les facteurs d'épanouissement). Les **thèses** sont d'emblée formulées au début de chaque partie. Elles sont articulées par les adverbes *cependant* et *aussi*.
Les **arguments** sont clairement en rapport avec la thèse et sont ordonnés logiquement. Ainsi dans la première partie, l'argument 3 (sur les conflits familiaux) présente une conséquence des deux premiers.
Les **exemples** sont empruntés à l'expérience et à la culture personnelles comme y invitait le sujet.

RETENIR

Organiser une réflexion, c'est élaborer un plan au brouillon avant de rédiger.

1. Le choix du plan découle du type de sujet. EXERCICES 1 À 7

Type de sujet	Exemple de sujet	Conseils
Vérification d'une affirmation ou d'un fait	*Pensez-vous que le travail soit une drogue ?*	Pesez le pour puis le contre.
Évaluation des avantages et des inconvénients	*Quels sont les pouvoirs et les dangers de l'image dans notre monde ?*	Pesez les avantages et les inconvénients. (Terminez par ce qui correspond le plus à votre opinion.)
Recherche des causes et des conséquences (ou des solutions) d'un problème	*Pourquoi le recours à la violence est-il si fréquent dans un conflit et quelles sont les conséquences de cette attitude ?*	Définissez d'abord les causes puis les conséquences (ou les solutions).
Explication ou définition suivie d'un commentaire	*Qu'est-ce que la mode ? Que représente-t-elle pour vous ?*	Donnez l'explication demandée puis présentez votre point de vue.
Comparaison, confrontation	*Les livres sont-ils moins importants aujourd'hui qu'hier ?*	Définissez des points de comparaison ou suivez un ordre chronologique.
Expression et justification d'un goût	*Aimeriez-vous partir à l'aventure ? Dans quelles circonstances ?*	Exprimez d'abord votre goût puis expliquez les raisons de ce choix.

2. L'ordre de l'argumentation

– On présente les arguments **du plus simple au plus complexe**. EXERCICE 8
– On construit un raisonnement en recherchant notamment les différentes **causes** et les différentes **conséquences** d'un fait. EXERCICES 9 ET 10
– Même au brouillon, on explicite les liens entre les thèses et les arguments par des **connecteurs logiques** (voir le tableau p. 54). EXERCICES 11 À 13

S'EXERCER ET RÉDIGER

1 Le choix du plan

EXERCICE 1

Repérer un type de plan.

Agir loin des extrêmes

Je fus jadis extrémiste, entre autres en ce qui concerne la défense d'une nature pour moi plus sacrée que ma vie. J'ai admis aujourd'hui que la solution des problèmes complexes posés aux hommes par leur propre société ne peut résulter que d'une prise en considération, la plus objective et la plus rationnelle possible, des arguments très divers qui s'affrontent. Ainsi, ceux de l'écologie et ceux de l'économie, qui ont chacun leur logique, leurs vertus et leurs vices.

Le retour à un mode d'existence qui ne dépendrait ni de l'industrie ni des moyens de communication modernes relève d'une douce utopie : la vie primitive dans une nature idyllique tient du mythe, non de la réalité ; par ailleurs, les habitants de la planète ne se laisseront jamais convaincre de renoncer aux facilités et aux conforts innombrables que la société industrielle leur assure et de revenir à un mode de vie non polluant, sans doute, mais dont l'archaïsme signifie inconfort certain et recrudescence tout aussi certaine des deux problèmes premiers : faim et maladies.

À l'opposé, développer toujours davantage l'industrialisation, détruire de plus en plus la forêt, polluer et repolluer l'air, l'eau et la terre, construire de grands barrages qui ne profitent qu'aux banquiers qui les financent, aux bétonneurs qui les édifient et aux politiciens prébendés[1] qui les autorisent, détourner des fleuves, urbaniser de façon aberrante, « aménager » jusqu'à détruire ses équilibres la moyenne montagne d'abord, la haute montagne ensuite, bref agresser toujours davantage la nature qui nous a engendrés et sans laquelle nous ne pourrions survivre, sont les forfaits que commettent, par inconscience, par égoïsme ou par concupiscence, tant ceux qui polluent que ceux qui abîment, ceux qui détruisent que ceux qui permettent qu'on le fasse. Qui détruisent parfois, paradoxe, en construisant, par exemple, certains « ouvrages d'art », qui à eux certes rapportent, mais nuisent à tous les autres.

HAROUN TAZIEFF,
La terre va-t-elle cesser de tourner ?,
éd. Seghers.

1. Prébendé : qui tire un profit personnel de sa fonction.

1. Quel est le thème principal de ce texte ? D'après le premier paragraphe, quelles sont les deux thèses que l'auteur veut prendre en considération ? Quelle est la fonction de ce premier paragraphe dans l'organisation d'ensemble du texte ?

2. Quelles thèses sont développées dans les deuxième et troisième paragraphes ? Citez les deux phrases où apparaissent chacune de ces thèses. Quel connecteur logique établit une relation entre elles ?

3. Quel est le type de plan adopté ?

EXERCICE 2

Ordonner les questions d'un sujet.

SUJET DE RÉFLEXION

De nos jours, loin d'avoir disparu, l'exclusion reste un phénomène social d'une brûlante actualité. Qui sont les exclus aujourd'hui ? Quelles sont les différentes causes de leur situation ? Les solutions déjà mises en place pour remédier à ce problème vous paraissent-elles suffisantes ? En voyez-vous d'autres à proposer ?

Regroupez les quatre questions de ce sujet pour construire un plan en deux parties.

EXERCICE 3

Compléter un plan.

SUJET DE RÉFLEXION

Aimeriez-vous connaître votre avenir ? Exposez votre point de vue en appuyant votre argumentation sur des exemples précis.

Complétez ce plan en trois parties dont nous vous proposons la première :
I. Connaître son avenir peut apporter des avantages.

EXERCICE 4

Compléter un plan.

SUJET DE RÉFLEXION

L'esclavage, notamment celui des femmes et des enfants, est encore une pratique courante dans le monde. Quelles réflexions vous inspire cette pratique ?

1. Constituez un dossier de presse sur le thème.

2. Complétez le plan en deux parties dont nous vous proposons la première :
I. Formes et causes actuelles de l'esclavage dans le monde.

EXERCICE 5

Proposer deux plans pour un sujet.

SUJET DE RÉFLEXION

Le sport peut être considéré comme un moyen de rapprocher les hommes et de s'épanouir personnellement.
Cette conception – qui ne correspond pas toujours à la réalité que nous pouvons observer – vous paraît-elle être l'idéal vers lequel le sport doit tendre ?

1. Complétez, en tenant compte des indications du sujet, ce plan en trois parties dont nous vous donnons les deux premières parties :
I. Le premier but du sport est de favoriser l'épanouissement physique de chacun.
II. Mais une des ambitions du sport est aussi de développer l'esprit de compétition.

2. Quel plan en deux parties pourrait-on adopter pour traiter ce même sujet ?

EXERCICE 6

Choisir le plan en fonction du sujet.

SUJET DE RÉFLEXION 1

Il est parfois difficile de résister à ses envies. Doit-on suivre ses envies ou au contraire y résister ?

SUJET DE RÉFLEXION 2

Les vieillards sont souvent attachés à leurs souvenirs. Comprenez-vous une telle attitude ? Vous-même, accordez-vous de l'importance aux souvenirs ? Développez votre point de vue.

SUJET DE RÉFLEXION 3

La faim dans le monde constitue-t-elle à votre avis une fatalité ? Quelles en sont selon vous les principales raisons ? Existe-t-il des moyens de l'endiguer ?

1. Quel type de plan convient-il d'adopter pour traiter chacun de ces trois sujets ?

2. Pour chaque sujet, énoncez la thèse qui ouvrirait chacune des parties du plan.

EXERCICE 7

Analyser le sujet pour construire le plan.

En vous reportant au texte d'Andrée Chedid, au sujet et aux questions proposés dans l'exercice 2 p. 95, vous imaginerez les deux parties d'un développement possible pour traiter le sujet : *C'est terrible un homme qui appelle…*

2 L'ordre de l'argumentation

EXERCICE 8

Ordonner des arguments.

Voici trois arguments pour critiquer le recours aux guérisseurs. Classez-les

selon ce qui vous semble être leur ordre d'importance.
a) *Recourir à des guérisseurs, c'est se condamner à ne pas être guéri puisque rien ne garantit l'efficacité de leurs traitements.*
b) *Le nom de « guérisseur » est la plupart du temps mensonger car les guérisseurs exercent une prétendue médecine sans diplôme.*
c) *Les guérisseurs sont généralement des charlatans qui font payer très cher des services imaginaires.*

EXERCICE 9

Trouver et ordonner des causes.

Trouvez trois causes de chacun des constats suivants en les ordonnant selon leur importance :
a) *De nos jours le voyage est de moins en moins une aventure.*
b) *Restaurer le patrimoine architectural est une priorité que chaque pays devrait respecter.*
c) *On peut comprendre l'attachement des personnes âgées à leurs souvenirs.*
d) *Nous désirons inconsciemment correspondre à l'image idéale de l'homme ou de la femme que les médias diffusent.*
e) *La délinquance sévit dans nos villes.*

EXERCICE 10

Dégager et ordonner des conséquences.

Tirez trois conséquences de chacun des faits suivants en les ordonnant selon leur importance :
a) *La beauté des êtres qui nous entourent et des lieux dans lesquels nous vivons peut transformer notre vie.*
b) *Les formes actuelles du travail exigent une très grande mobilité de la population active.*
c) *Le nombre de femmes qui exercent une activité professionnelle augmente régulièrement.*
d) *Les touristes choisissent de plus en plus le voyage organisé plutôt que l'aventure pour découvrir de nouveaux horizons.*
e) *Les technologies modernes se mettent au service des musées et des conservateurs.*

EXERCICE 11

Repérer les thèses et ordonner les arguments.

SUJET DE RÉFLEXION

Pensez-vous qu'il soit possible d'avoir de l'estime pour quelqu'un qui n'a pas la même façon de vivre ou de penser que vous ?

1. Dans les huit phrases suivantes repérez les deux thèses et distinguez les six arguments (trois arguments pour chaque thèse) qui permettent de traiter ce sujet :
a) *Sans être intolérant, on ne peut accepter des autres qu'ils soient agressifs.*
b) *S'ouvrir à la différence des autres est une source d'enrichissement.*
c) *On se montre souvent intolérant à l'égard de ceux qu'on ne connaît pas ou qu'on ne comprend pas.*
d) *On peut ne pas avoir d'estime particulière pour quelqu'un qui vit à l'opposé de notre manière de vivre et de penser.*
e) *Si nous n'acceptons pas les autres dans leur différence, nous ne pouvons pas évoluer.*
f) *Mieux connaître un individu étranger à notre mode de vie et de pensée peut nous permettre de nous découvrir nous-mêmes dans notre propre différence.*
g) *La découverte des autres façons de raisonner et de se comporter est un des apports essentiels du voyage ou de la vie parmi les étrangers.*
h) *Il est difficile d'estimer celui qui refuse de dialoguer ou qui ne respecte pas votre différence.*

2. Trouvez un ordre pertinent pour organiser chaque groupe d'arguments.

EXERCICE 12

Rétablir la logique d'une argumentation.

Les limitations de vitesse

C'est au nom des droits de l'homme et du citoyen réunis que le lobby de l'automobile mène son combat [contre les limitations de vitesse] et réussit à convaincre des millions d'automobilistes qui, à vrai dire, ne demandent qu'à l'être.

… toutes les études prouvent que la vitesse constitue, et de loin, la première cause des accidents … qu'il ne sert à rien de lancer des campagnes de sécurité routière si l'on ne commence pas par la limiter. Seule une nécessité incontournable peut contraindre tous les gouvernements à prendre une mesure aussi impopulaire. … les automobilistes aiment à conduire vite et sont tout disposés à croire qu'il s'agit là d'un plaisir innocent. Les constructeurs, relayés par les différentes associations et l'ensemble de la presse spécialisée, ne manquent pas d'argumenter contre cette « intolérable brimade ». … leurs plaidoyers résistent mal à l'évidence des faits. Comment contester que l'apparition des limitations de vitesse a brutalement fait baisser le nombre des morts et que … leur suppression le ferait de nouveau augmenter ?

François de Closets,
La Grande Manip,
éd. du Seuil.

Rétablissez dans ce texte les connecteurs logiques que nous avons supprimés :
par conséquent, et pourtant, car, mais, et.

Exercice 13

Expliciter des liens logiques.

L'éducation faite en s'amusant disperse la pensée.

Mme de Staël.

1. Rétablissez les liens logiques dans cette chaîne d'arguments destinée à soutenir la thèse de Mme de Staël en utilisant les connecteurs logiques suivants :
ainsi, dès lors, or, mais, en effet, de plus, au contraire, pour cela.

a) *On croit éviter des difficultés aux enfants en transformant leur éducation en jeu.*
b) … *cette conception repose sur une erreur.*
c) … *on néglige le fait que le véritable apprentissage demande un effort d'attention.*
d) … *l'habitude de s'amuser nuit à la concentration.*
e) … *cet enseignement par le jeu ne laisse que peu de souvenirs dans l'esprit.*
f) … *l'enfant, quand il ne sera plus sous le contrôle de ses maîtres, risque d'être perdu.*
g) … *il faut le rendre autonome.*
h) … *il faut lui soumettre des sujets d'étude proportionnés à son intelligence.*
i) … *il affrontera peu à peu de nouvelles difficultés qui lui permettront de développer sa propre réflexion.*

2. Trouvez trois arguments pour contester la thèse de Mme de Staël et classez-les selon un ordre logique.

CHAPITRE

18 Rédiger une introduction et une conclusion

LIRE ET OBSERVER

SUJET DE RÉFLEXION

Pensez-vous que la présence grandissante des ordinateurs dans notre vie quotidienne favorise les relations humaines ?

Introduction rédigée

phrase d'appel → L'informatique a conquis de nos jours une place considérable aussi bien dans la vie professionnelle qu'à la maison. Mais on peut se demander si ces outils de communication que sont les ordinateurs favorisent les relations humaines, c'est-à-dire s'ils sont capables de créer des échanges conviviaux, voire amicaux entre leurs utilisateurs.

énoncé et explication du sujet →

annonce du plan → Dans quelle mesure la révolution informatique a-t-elle permis de développer des formes nouvelles de communication ? En quoi cependant peut-elle constituer un obstacle et un facteur de dégradation pour les relations entre les hommes ?

Conclusion rédigée

résumé de l'argumentation → La communication des informations a pris, grâce aux réseaux informatiques, une dimension mondiale et nous pouvons nous émerveiller d'entrer grâce à eux en relation avec des hommes qui vivent à l'autre bout de la planète. Mais ces relations restent souvent superficielles, l'écran de l'ordinateur faisant obstacle à une véritable rencontre.

ouverture → À nous d'imaginer un monde où les seuls dialogues ne seront pas ceux entre l'homme et ses machines.

Analyser

L'introduction

Elle s'ouvre sur une **phrase d'appel** qui amène le sujet en décrivant son contexte – le développement de l'informatique comme outil de communication – et qui permet de comprendre pourquoi la question se pose.
La deuxième phrase présente le **sujet**. Celui-ci est intégralement repris

dans les termes de son intitulé et reçoit une explication : l'expression *relations humaines* est précisée par les termes *échanges conviviaux, voire amicaux*.

Dans une troisième étape, deux questions découlant du sujet sont posées : elles **annoncent** les deux parties du développement. L'adverbe *cependant* apparaissant dans la seconde question indique que la deuxième partie marquera une restriction par rapport à la première : les mots *obstacle* et *dégradation* suggèrent un aspect négatif des formes nouvelles de communication.

La conclusion

Elle apporte une **réponse** aux questions posées en introduction et offre le **bilan** de chacune des étapes de l'argumentation présentée dans le développement : tout d'abord la mondialisation des échanges d'informations opérée grâce aux ordinateurs, ensuite le caractère superficiel et un peu froid des relations entre les hommes quand l'ordinateur leur évite de se rencontrer vraiment. L'opposition entre ces deux parties est soulignée par la conjonction de coordination *mais*.

La dernière phrase constitue une **ouverture**. Elle élargit la réflexion aux relations entre les hommes et les machines et fait une proposition qui est toujours en relation avec le sujet : les hommes doivent s'efforcer de préserver leurs relations sans être prisonniers des machines.

RETENIR

1. La rédaction d'une introduction

Si vous devez vous exercer à écrire le développement de votre devoir directement au propre en suivant les étapes prévues par votre plan, il est conseillé en revanche d'apporter le plus grand soin à la rédaction de l'introduction. Rédigez-la au brouillon une fois que vous avez établi votre plan de manière définitive.

Dans toute introduction vous devez :
– **amener le sujet par une phrase d'appel** qui situe le contexte du problème posé. Si celui-ci fait référence au texte-support, indiquez-le clairement par une citation ;
– **énoncer et expliquer la question posée** telle qu'elle vous est présentée ;
– **annoncer le plan du développement** par autant de phrases que celui-ci comporte de parties.

EXERCICES 1 À 7

2. La rédaction d'une conclusion

Vous rédigerez la conclusion en deux étapes :
– la première **résume votre démonstration** en la reformulant à l'aide d'autres termes que ceux déjà utilisés ;
– la seconde consiste en **une proposition ou une question** qui ouvre de nouvelles perspectives tout en restant en rapport avec le problème traité.

EXERCICES 8 À 13

S'EXERCER ET RÉDIGER

1 La rédaction d'une introduction

Exercice 1

Repérer les étapes d'une introduction.

L'expérimentation médicale

Qui ne se souvient des expériences médicales du Dr Mengele sur les prisonniers des camps d'extermination de l'Allemagne hitlérienne ? À la fin de la guerre, personne n'a protesté, au nom de la connaissance médicale, contre l'arrêt de ces recherches. Aujourd'hui, l'expérimentation sur les animaux, dans les facultés de médecine, est sérieusement remise en cause par bon nombre de nos concitoyens.

Le goût d'explorer est une pulsion fondamentale, aussi bien chez l'être humain que chez le petit chat. Sa justification première est de l'ordre du pur plaisir de découvrir.

Jusqu'où peut-on aller au nom de la connaissance ? Peut-on la considérer comme un but en soi ? Comme une fin ultime, justifiant tous les moyens ? Sinon, où convient-il de mettre la barre ? Quels risques, quelles imprudences sont justifiés ?

HUBERT REEVES, *L'Heure de s'enivrer*, éd. du Seuil.

1. Indiquez, dans cette introduction, les phrases qui amènent le sujet. Quel est le fait historique qui permet d'introduire le problème de l'expérimentation scientifique ? Relevez, dans ces phrases d'appel, deux expressions en rapport avec ce thème.

2. Quelle phrase énonce le sujet de la réflexion ? Reformulez ce sujet sous la forme d'une question.

3. Le troisième paragraphe présente cinq questions. Choisissez deux de ces questions pour annoncer un plan en deux parties sur le thème de l'expérimentation médicale.

Exercice 2

Choisir une phrase d'appel.

On peut se demander pour quelles raisons le roman continue d'exister quand un film montre en quelques images et quelques secondes ce qu'un écrivain raconte ou décrit en une vingtaine de pages. Quels sont donc les atouts du cinéma ? En quoi pourtant le roman est-il incomparable et irremplaçable ?

Choisissez parmi les phrases suivantes celles qui pourraient ouvrir cette introduction :

a) *De tout temps, les hommes ont lu des romans.*

b) *L'invention du cinéma, il y a un siècle, a créé une nouvelle manière de raconter des histoires.*

c) *On a récemment adapté à l'écran un roman de Jean Giono,* Le Hussard sur le toit.

d) *Notre société privilégie souvent la vitesse et l'efficacité.*

e) *Les romans sont souvent ennuyeux à cause de leur longueur et de l'importance qu'ils accordent aux descriptions.*

Exercice 3

Rédiger une phrase d'appel.

Quelle importance doit prendre le travail dans notre vie ? Doit-il l'occuper tout entière ? Ou est-il nécessaire de se ménager du temps pour se consacrer à d'autres activités ? Pour répondre à ces questions, on peut montrer que le travail, quand il est choisi et non subi, peut donner sens à une vie. Mais une activité professionnelle ne peut-elle au contraire devenir appauvrissante quand elle ne laisse plus de temps libre ?

Rédigez une phrase d'appel afin d'amener le sujet proposé dans cette introduction.

Exercice 4

Retrouver le plan annoncé dans l'introduction.

L'aventure spatiale

Quel est donc aujourd'hui l'avenir de l'activité spatiale ? Va-t-elle périr du désenchantement qui menace toute grande entreprise lorsqu'elle n'a pas su maîtriser sa croissance ? Je ne le crois pas, et ce serait un grand dommage pour l'humanité quand bien même d'autres malheurs plus évidents la menacent. Les trois décennies écoulées nous ont immensément appris et offert de puissants outils pour gérer notre vaisseau Terre. En trois mots : voir, communiquer, connaître.

Pierre Léna, « La Passion de l'inutile », *Le Monde des débats*, février 1994.

1. Quel est le sujet de réflexion annoncé par cette introduction ?

2. Quelle thèse l'auteur veut-il soutenir ? Dans quelle phrase cette thèse est-elle formulée ?

3. L'auteur annonce le plan de son développement en trois mots. Présentez à votre tour les trois parties du plan en trois phrases qui précisent en quoi l'activité spatiale peut nous permettre de *voir, communiquer* et *connaître*.

Exercice 5

Rédiger une introduction à partir d'un plan.

Sujet de réflexion

Comment peut-on expliquer la popularité des jeux de hasard (lotos, paris sur les courses de chevaux, etc.) ? Que pensez-vous personnellement de ces jeux ?

Écriture. Rédigez une introduction pour traiter ce sujet en suivant les trois étapes décrites p. 125-126 et en exploitant les propositions suivantes :
Suggestion pour la phrase d'appel :
Rappeler la multiplication récente des jeux de hasard.
Plan du développement :
I. Raisons de la popularité des jeux de hasard.
II. Critique de l'engouement pour ces jeux.

Exercice 6

Rédiger une introduction à partir d'un plan.

Écriture. Reportez-vous au sujet de réflexion et au plan détaillé présentés p. 119 et utilisez ces éléments pour rédiger l'introduction du devoir.

Exercice 7

Rédiger une introduction à partir d'un sujet.

Sujet de réflexion

On dénonce souvent l'indifférence dans les relations humaines. Il existe aussi de magnifiques mouvements de solidarité. Comment expliquer de pareilles attitudes ?
Développez votre point de vue d'une façon ordonnée, en vous aidant d'exemples précis tirés successivement de votre expérience personnelle, de l'actualité et de votre culture.

1. Quel paradoxe est souligné par ce sujet en ce qui concerne les relations humaines ? Reformulez la question principale de ce sujet ; vous soulignerez ce paradoxe en utilisant les mots *bien que* ou *malgré*.

2. Quel type de plan convient-il de construire pour traiter ce sujet ? (Voir le tableau des types de sujet p. 120.)

3. Quels exemples d'indifférence ou de mouvements de solidarité pourriez-vous citer dans la phrase d'appel de votre introduction ? Vous emprunterez vos exemples à l'actualité (travail des associations humanitaires), à votre culture (livres que vous avez lus, films) ou à votre expérience personnelle, comme le suggère le sujet.

4. Écriture. Rédigez intégralement l'introduction en utilisant les éléments dégagés précédemment.

2 La rédaction d'une conclusion

Exercice 8

Repérer les étapes d'une conclusion.

L'intelligence

Il est très facile de ne pas devenir intelligent, la recette est simple : s'assoupir dans la passivité des réponses apprises, renoncer à l'effort de formuler ses propres questions ; (...) devenir intelligent, c'est suivre la voie inverse, c'est procéder au dressage de cet animal rétif[1], paresseux, qu'est notre cerveau ; c'est le contraindre à aller au bout des questionnements, à ne pas se satisfaire trop facilement de réponses toutes faites ; c'est faire flèche de tout bois, les dons de la nature comme les apports de l'aventure, pour contruire l'outil intellectuel qui nous permet d'être nous-même ; c'est se créer soi-même.

Albert Jacquard, *Moi et les Autres*, éd. du Seuil.

1. Rétif : difficile à persuader.

1. À quelles questions cette conclusion apporte-t-elle une réponse ?

2. Expliquez dans son contexte le sens de la proposition *devenir intelligent, (...) c'est se créer soi-même.*

3. En quoi l'expression *se créer soi-même* résume-t-elle l'ensemble des propositions qui la précède ? En quoi marque-t-elle un élargissement ?

Exercice 9

Retrouver le plan résumé par la conclusion.

Bien utiliser son temps

Au fond, l'idée centrale est celle du capital temps que chacun pourrait aménager en fonction de ses projets et rythmes personnels (biorythmes) à condition de respecter certains quotas (travail, formation). Choisir et non subir transformerait radicalement notre rapport au temps. Au fatalisme[1] succéderait la responsabilité. Être responsable provoque des réactions, suscite des initiatives, impose des prévisions, favorise l'autogestion[2] « Le temps est invention ou il n'est rien », disait Bergson. Retrouver une certaine liberté face au temps, c'est à coup sûr faire appel à l'inventivité qui est au fond de chacun.

Roger Sue, *Le Monde,* 4 décembre 1982.

1. Fatalisme : attitude qui consiste à accepter passivement son sort.
2. Autogestion : le fait d'organiser sa vie ou son travail par soi-même.

1. Quels sont les différents aspects de l'utilisation du temps distingués par cette conclusion ? Relevez les mots du texte qui les suggèrent et classez-les en deux colonnes.

2. Comment s'enchaînent les différentes idées ?

3. Donnez un exemple d'*inventivité* pour éclairer le sens de la dernière phrase.

Exercice 10

Rédiger une conclusion à partir d'un plan.

1. Écriture. Reportez-vous au sujet de réflexion et au plan détaillé présentés p. 119 (*La vie de famille représente-t-elle une source de contraintes ou un facteur d'épanouissement ?*) et utilisez ces éléments pour rédiger la première partie d'une conclusion résumant le développement. Vous aurez soin de varier la formulation.

2. Parmi les propositions suivantes, choisissez celle qui pourrait ouvrir de nouvelles perspectives sur le sujet tout en restant en relation avec la question :

a) *On peut se demander quel sens a donc le mot* famille.

b) *La famille représente-t-elle toujours, dans la société de demain, le noyau de la vie sociale ?*

c) *Les valeurs familiales sont de moins en moins à la mode aujourd'hui. Pourquoi ?*

d) *L'enfant n'a-t-il pas besoin en permanence de contraintes ?*

e) *La société ne doit-elle pas prendre le relais de la famille ?*

Exercice 11

Rédiger une conclusion à partir d'un plan.

Sujet de réflexion

Que représente pour vous la solitude ?

Écriture.

1. Rédigez la première partie de votre conclusion sur ce sujet, qui résumera le développement dont le plan vous est proposé ci-dessous :

I. Conséquences positives de la solitude.
– elle permet d'approfondir sa réflexion dans le calme ;
– elle permet de se connaître soi-même ;
– elle permet d'être libre.
II. Effets négatifs de la solitude.
– elle peut faire oublier les autres ;
– elle peut empêcher de s'épanouir ;
– elle peut rendre orgueilleux.

2. Quelle proposition ou quelle appréciation personnelle pourriez-vous formuler sur le thème de la solitude dans la dernière phrase de cette conclusion ?

Exercice 12

Choisir une proposition pour conclure.

Les media

Les mass media sont en notre pouvoir, même s'ils exercent une influence sur nous. Nous ne sommes pas emprisonnés par eux, sauf, précisément, si nous nous laissons enfermer dans leur geôle. C'est pourquoi, au total, notre éventuel esclavage par les media engagerait notre responsabilité.

Louis Porcher, *Vers la dictature des media*, éd. Hatier.

1. À quelle question cette conclusion répond-elle ?

2. Choisissez, parmi les propositions suivantes, celles qui, tout en étant en relation avec la question, proposent un élargissement :

a) *Apprenons donc le langage des media pour mieux nous en rendre maîtres.*
b) *La meilleure solution est donc d'éteindre nos télévisions et nos radios pour préserver notre liberté.*
c) *On peut se demander ce que signifie le mot* responsabilité.
d) *Faisons donc des media un usage raisonnable sans les ignorer et sans les laisser nous envahir.*

Exercice 13

Faire un plan détaillé et rédiger la conclusion.

Sujet de réflexion

Pensez-vous que la contrainte puisse vous aider à découvrir l'intérêt de ce qui vous rebutait d'abord ? Vous illustrerez vos arguments d'exemples tirés de votre expérience personnelle sans vous limiter nécessairement à la lecture.

1. Trouvez deux arguments pour chacune des thèses suivantes :
I. La contrainte est souvent rebutante.
II. Elle peut cependant enseigner le sens de l'effort.

2. Présentez-les sous forme de plan.

3. Écriture. Résumez cette argumentation dans la première partie d'une conclusion.

4. Écriture. Trouvez un élargissement pour finir votre conclusion.

CHAPITRE

19 Étudier l'image

LIRE ET OBSERVER

➤ PABLO PICASSO (1881-1973), *Guernica,* (1937, peinture, 351 x 782 cm, Madrid, musée du Buen Retiro).

Analyser et rédiger

Un tableau documentaire et narratif

Guernica, de Pablo Picasso, peint en 1937 pendant la guerre civile espagnole, raconte le bombardement allemand qui a réduit un village basque au chaos.

- La **technique cubiste** disloque les êtres et les objets et les réduit à des **formes géométriques** déchirées et **juxtaposées** comme absurdement. **L'absence de perspective** et la **dominante noire du fond** – qui assimile le tableau à une photographie et lui donne une authenticité troublante – racontent comment tout a été éclaté, fracassé et déformé.
- Cette image d'**épopée** funèbre évoque le Minotaure, monstre mythologique mi-homme, mi-taureau, la corrida et les statues brisées.

L'expression de la douleur et de la révolte

Le peintre fait éclater, dans son œuvre, son **émotion**.

- **Visages** et **attitudes** traduisent la douleur intense et la stupéfaction.

- Le **format** très allongé crée l'impression d'étouffement et d'écrasement.
- La **composition**, notamment les lignes brisées, intensifie l'atmosphère de violence : les corps sont tournés vers la gauche, sens négatif dans une image. Les **couleurs froides** rendent l'effroi de la nuit créée par la guerre (noir, gris) et reproduisent la fulgurance inhumaine des bombes (blanc).

Une protestation et un message

Au-delà de l'émotion que suscite le témoignage, cette œuvre – seul tableau historique à cette période du XXe siècle – a un **sens** et prend une **valeur symbolique** : en métamorphosant la réalité, l'image devient métaphore.

- Le taureau représente l'Espagne meurtrie ; la lumière blanche qui fait grimacer les têtes est l'image des bombes ; l'épée médiévale brisée signifie la vanité de la résistance héroïque face à la puissance armée moderne ; l'enfant et sa mère dénoncent l'injustice du massacre ; le cheval rappelle la guerre de Troie mais ses blessures consacrent la mort de l'épopée héroïque. Les cris sans échos des bouches torturées renversées et les bras levés au ciel comme en prière indiquent l'inutilité de tout appel au secours adressé à un hypothétique sauveur, dont le ciel noir marque l'absence.
- *Guernica* délivre un **message** de révolte et lui donne une valeur **argumentative**. Il semble avertir l'humanité des dangers qui la menacent et lui dire : *plus jamais ça !* dans un message de dénonciation de la guerre et d'espoir de paix, symbolisé par la torche brandie par une main anonyme.

RETENIR

1. L'image est un langage au même titre que le texte : elle peut prendre les mêmes tonalités et remplir les mêmes fonctions, mais elle a des codes et des moyens qui lui sont propres (cadrage, lignes, formes, couleurs, point de vue).
Elle peut avoir une fonction **documentaire** ou **narrative**. EXERCICES 1 ET 2

2. Elle peut traduire et provoquer des **émotions** :
– faire rire par la caricature qui grossit et déforme, par l'animalisation ou la personnification, par la création de l'absurde ;
– créer la peur ou l'admiration. EXERCICES 3 ET 4

3. Elle **s'interprète** :
– elle est polysémique et son sens dépend du contexte qui lui est donné (image ou texte) ;
– elle prend un sens à la lumière de ce qu'elle suggère en dehors de son cadre, de ce qu'elle laisse imaginer implicitement. EXERCICES 5 À 8

4. Elle **interprète** la réalité et les textes par les choix qu'elle opère ; elle peut métamorphoser la réalité et devenir métaphore EXERCICES 9 ET 10

5. Elle peut avoir une fonction **argumentative**, défendre une thèse ; elle a recours à des moyens argumentatifs spécifiques : plans, lignes, couleurs… EXERCICES 11 À 13

S'EXERCER ET RÉDIGER

1 L'image raconte

EXERCICE 1

Repérer les éléments d'un récit dans les images.

1. Remettez les vignettes dans l'ordre, de façon à obtenir un récit cohérent.

2. Dans la séquence d'images reconstituée, comment le lecteur est-il informé ? Repérez le temps, le lieu, les personnages de l'histoire. Quels détails vous ont permis d'effectuer ces repérages ?

3. Parmi les personnages, qui sont : le héros ? le destinateur ? les adjuvants ? Quel est l'objet de la quête ? Comment sont rendues l'importance et la fonction des personnages ? Quels détails renseignent le lecteur sur leur caractère ?

4. Reconstituez le schéma narratif en quelques phrases : situation initiale, perturbation, péripétie, situation finale.

5. Écriture. Racontez la scène (*15 lignes*). Décrivez les lieux, présentez les personnages et rendez compte de leurs paroles. Que deviennent, dans votre récit, les bulles de la bande dessinée ?

6. Écriture. Écrivez le récit qui correspond à la suite que vous imaginez à cette séquence d'images (*15 lignes*). Vous respecterez le thème, le cadre et le point de vue de la bande dessinée.

a

b

c

d

e

f

➤ Bande dessinée de R. GOSCINNY et A. UDERZO, *Jehan Pistolet, corsaire du Roy* (1998, éd. Albert René).

Exercice 2

Rendre le temps par l'image.

1. Comment l'écoulement du temps et la durée sont-ils rendus par l'image ?

2. Pourquoi, selon vous, la silhouette représentée prend-elle différentes couleurs ? Identifiez s'il s'agit de couleurs froides ou chaudes. À quoi, selon vous, correspondent ces différentes couleurs ?

3. Selon vous, quelle est la durée écoulée que représente l'image ? Justifiez votre réponse.

4. Dites en une phrase ce que « raconte » l'image.

5. Écriture. Rédigez le récit contenu dans l'image, en ayant soin de bien préciser l'identité du personnage et de marquer par des connecteurs temporels précis les diverses phases du déroulement de l'action (*15 lignes*).

➤ Frantisek Kupka (1871-1957), *Femme cueillant des fleurs* (1910-1911, aquarelle et pastel sur papier, 45 x 47,5 cm, Paris, coll. MNAM/CCI centre Georges-Pompidou).

2 L'image provoque des émotions

Exercice 3

Analyser le comique d'une caricature.

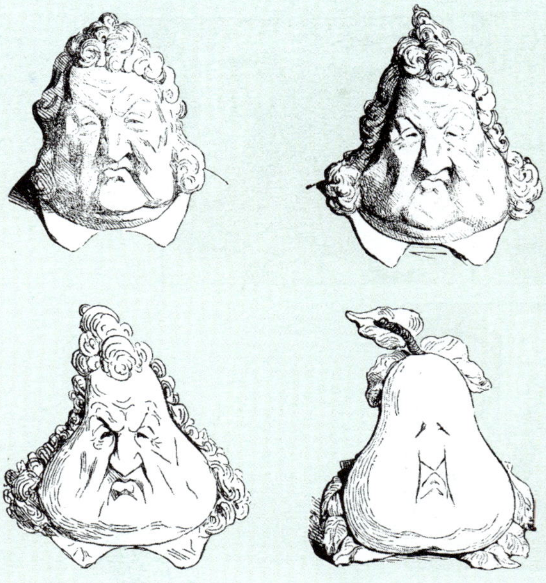

1. Quels traits sont exagérés dans ces images et font de ces portraits des caricatures ?

2. Comparez les première et dernière images : à quelle métaphore aboutit cette suite de dessins ? Quelle analogie est ainsi exprimée ? Quel trait de caractère cette assimilation suggère-t-elle ?

3. Choisissez, parmi les expressions suivantes, celles qui vous semblent le mieux rendre compte de la tonalité de cette image :
humoristique, critique, épique, pathétique, comique, ironique, réaliste, objective, émouvante, narrative, dramatique, tragique.

4. Écriture. Lisez le sonnet « Monsieur Prudhomme » de Verlaine (exercice 6, p. 49), puis rédigez un texte d'une quinzaine de lignes ou un sonnet faisant le portrait de Louis Philippe, en utilisant les mêmes procédés d'exagération et de métaphore que les caricatures ci-dessus.

➤ Caricatures du roi Louis-Philippe (gravure, Paris, Bibliothèque nationale de France).

EXERCICE 4

Étudier le comique de l'absurde dans l'image.

1. Quels détails sont absurdes ou surréalistes dans cette image de Dali ? Justifiez votre réponse.

2. Comment définiriez-vous l'atmosphère de cet intérieur ?

3. Par quels moyens l'artiste crée-t-il l'humour ?

4. Écriture. Rédigez un texte d'une quinzaine de lignes rendant compte de l'humour de l'image. Pour cela, lisez l'extrait de la *Cantatrice chauve* (exercice 9, p. 51), puis utilisez le même procédé que Ionesco, qui consiste à répéter un terme. Vous répéterez ici l'adjectif *moutonnier/moutonnière* inventé par Rabelais au XVIe siècle.

➤ SALVADOR DALI (1904-1989), Projet d'intérieur – décoration pour une étable bibliothèque (1942, chrome retouché à la gouache et à l'encre de Chine, 51 x 45 cm, Figueras, fondation Gala et Salvador Dali).

3 L'image s'interprète

EXERCICE 5

Donner plusieurs sens à une image.

➤ Photo de SEBASTIÃO SALGADO, *Usine de textile, Kazakhstan.*

1. Voici diverses légendes qui donnent à cette photo de Salgado des sens différents :

a) *Coucou, me voilà !*
b) *Quand commence le film ? J'ai dû me tromper d'heure !*
c) *La solitude de l'usine.*
d) *La condition ouvrière au début du siècle.*
e) *En tout cas, il y a de la place. J'achète !*
f) *Quelle vie !*
g) *Les joies du travail.*
h) *La nouvelle mode des fichus à Biarritz.*
i) *Mais où sont passés les autres ?*

Quelle tonalité chacune des légendes donne-t-elle à l'image :
dramatique, ironique, humoristique, poétique, nostalgique, lyrique, comique ?

2. Inventez deux autres légendes qui modifieraient encore le sens de cette photo. Trouvez une image et donnez-lui plusieurs sens en inventant des légendes.

Exercice 6

Étudier la polysémie d'une image sans légende.

1. Quel point commun unit les photos n° 1 et 2 ? Quel rapport y a-t-il entre elles (chronologique, logique, opposition, analogie...) ? Quel sens la photo n° 1 prend-elle à la lumière de la photo n° 2 ? La séquence de photos (n° 1 et 2) est-elle, selon vous, documentaire, publicitaire, descriptive, critique ou narrative ? Rédigez pour la photo n° 1 une légende qui rende compte du sens que vous lui avez trouvé.

2. Quelles ressemblances présentent les photos n° 1 et 3 ? Quelle analogie est par conséquent suggérée par la succession de ces deux photos ? Quel sens la photo n° 1 prend-elle à la lumière de la photo n° 3 ? La séquence de photos (n° 1 et 3) est-elle, selon vous, documentaire, publicitaire, descriptive, critique ou narrative ? Rédigez pour la photo n° 1 une légende qui rende compte de ce deuxième sens que vous lui avez trouvé.

3. Démontrez la polysémie de la photo en opérant comme ci-dessus : choisissez une photo et donnez-lui un contexte graphique différent en l'associant à deux photos qui lui donneront un sens différent.

4. Écriture. De la même façon, démontrez la polysémie de la phrase *Ah ! quel homme !* en lui donnant deux contextes différents.

1

2

3

EXERCICE 7

Interpréter une image par son hors-champ.

➤ Photo d' ELIOTT ERWITT, *To the dogs* (New York, 1974).

1. Que représente exactement l'image ? L'avez-vous identifié tout de suite ?

2. Le sujet de la photo est-il complètement représenté ? Qu'est-ce qui est seulement suggéré par cette image, hors du cadre, et que l'on est amené à imaginer ?

3. Quelle tonalité prend alors cette image ? Choisissez parmi ces mots ceux qui vous paraissent pouvoir la qualifier :
humoristique, dramatique, surprenante, pathétique, ironique, cocasse, poétique, fantaisiste.
Qu'est-ce qui lui donne cette tonalité ?

4. Cette image est-elle narrative, informative, argumentative ou documentaire ?

5. Quel est le rôle donné au spectateur ? Qui regarde cette photo ? Qu'est-ce qui est le plus important : ce qui est dans le cadre ? hors du cadre ? ou les deux ? Pourquoi ?

6. Écriture. En tenant compte des éléments représentés sur la photo et du hors-champ que vous avez imaginé, transcrivez les pensées du petit chien (*10 lignes*).

EXERCICE 8

Interpréter un tableau abstrait.

Vous justifierez vos réponses à partir d'éléments précis du tableau (cadrage, formes, couleurs).
Vous pouvez regarder ce tableau dans tous les sens.

1. Que peut représenter selon vous ce tableau abstrait ?

2. Que peut-il raconter ?

3. Quels sentiments ou émotions peut-il traduire ?

4. Donnez-lui plusieurs titres.

➤ JEAN-PAUL AGOSTI, *Jardin de la chute* (1993, acrylique sur toile, feuilles d'argent, 120 x 60 cm, coll. particulière).

4 L'image interprète et métamorphose

Exercice 9

Analyser comment l'image interprète un texte.

Lisez la fable de La Fontaine « Le loup et l'agneau » (exercice 1, p. 108).

1. Quel passage exact de la fable illustre chaque image (identifiez les vers) ? Quel illustrateur a rendu compte de la fable dans sa dimension narrative ? dans sa fonction argumentative ? Lequel a mis l'accent sur la morale de la fable ?

2. Disposition et présentation des personnages. Dans l'illustration n° 2b, où se trouve l'agneau ? Quel élément graphique précis le fait comprendre ? Dans l'illustration n° 1, quel rapport de force établit la disposition des personnages ? (Étudiez aussi le jeu des regards.) Quel est le degré d'humanisation des animaux ? (Citez des détails précis.) Qui peuvent-ils représenter ? Où et à quelle époque situez-vous cette scène ?

3. Associez chacune des illustrations à l'un ou à plusieurs des mots suivants :
personnification, réalisme, stylisation, plan général, gros plan, humanisation, séquence narrative, effrayante, symbolique, argumentative, dramatique.

4. Quel sens chaque illustration donne-t-elle à la fable. (Étudiez notamment les accessoires dans l'illustration n° 1.) Précisez les procédés graphiques qui créent ce sens.

5. Quelle illustration vous paraît la plus fidèle au texte et aux intentions de La Fontaine ? Justifiez votre réponse.

1

➤ Illustration de R. de la Nézière extraite des *Fables* de La Fontaine (1926, éd. Mame).

2a

2b

➤ Illustrations de Gabriel Lefèbvre extraites des *Fables* de La Fontaine (1994, éd. Casterman).

Exercice 10

Étudier l'image-métaphore, l'image-métamorphose.

1. Par le trompe-l'œil, le peintre peut transformer le monde, couvrir et percer le mur des apparences : quelles sont les trois réalités qui se superposent dans cette image ?

2. Dans une métaphore, il y a un comparé, un comparant et un élément commun. Dans cette image, quel est le comparé ? le comparant ? l'élément commun qui permet de les assimiler ?

3. Quelle atmosphère crée cette superposition ? Quelle allure donne-t-elle à la maison ? Quelle fonction ce trompe-l'œil assigne-t-il à la maison ?

4. Pourquoi peut-on dire que cette photo est poétique ?

➤ Cuchi White, *Trompe-l'œil,* Lungotevere, Rome.

5 L'image argumente

Exercice 11

Repérer la thèse dans une image.

1. Cherchez ce qu'est l'UNICEF. Quelle est sa mission ? Quel rapport y a-t-il entre l'UNICEF et ce que font les deux pilotes de l'avion ?

2. La thèse soutenue par ce dessin est-elle clairement formulée ? Quelle idée veut exprimer Plantu ? Quels détails permettent de la repérer ? Commencez votre réponse par *Plantu veut montrer que…*, ou *Plantu veut dénoncer…* Le lecteur est-il passif devant cette image ou est-il mis à contribution ? Justifiez votre réponse.

3. En quoi les deux types de textes utilisés dans ce dessin diffèrent-ils ? Quel est le rôle de ces textes dans l'argumentation ? Quelle forme prend la phrase écrite au bas du dessin (caractères, forme grammaticale) ? Pourquoi la mention de James Grant est-elle importante dans l'argumentation ?

➤ Dessin de Plantu.

4. Choisissez dans cette liste des adjectifs pour qualifier le dessin :
joyeux, comique, romantique, ironique, pathétique, dramatique, grinçant, tendre, cynique, lyrique, doux.

5. Écriture. Rédigez un texte soutenant la thèse exprimée par ce dessin (*30 lignes*). Appuyez-vous sur des arguments précis (un paragraphe par argument).

Exercice 12

Repérer la tonalité d'une image argumentative.

1. Que représente cette image ?

2. À partir de quelle racine est formé le nom *Visual* ? En vous aidant de ce mot et du texte imprimé sur l'image, dites de quel produit cette affiche vous semble faire la publicité. Le comprend-on tout de suite ? Pourquoi ?

3. Expliquez clairement le message implicite de cette affiche.

4. Quelle réaction cette publicité provoque-t-elle ? Quelle est sa tonalité ?

5. Quels moyens l'image utilise-t-elle surtout pour attirer l'attention et convaincre d'acheter ce produit : objets représentés ? couleurs ? formes ? texte ? tonalité ? Justifiez votre réponse.

Exercice 13

Repérer les moyens argumentatifs.

1. Exprimez clairement le message de cette affiche.

2. Quels moyens graphiques l'affiche utilise-t-elle pour convaincre le spectateur ? Étudiez sa composition (par quoi l'œil est-il attiré ?), ses couleurs (chaudes ou froides ?), ses lignes (courbes, droites ou brisées ?), les transformations.

3. D'après l'affiche, que faut-il comprendre par le mot *littoral* ? L'affiche s'adresse-t-elle plus à la sensibilité ou à la raison du lecteur ?

4. Écriture. Rédigez un texte argumenté exprimant le même message que cette affiche (*15 lignes*).

➤ Affiche de Savignac (1986).

Lexique

Ce lexique définit un certain nombre de notions utilisées dans l'ouvrage. Il renvoie par ailleurs à celles qui ont déjà été explicitées.

A

Abstrait : qui existe sous la forme d'une idée, qui est perceptible par l'intelligence ou l'affectivité et non par les sens (*mendiant* est un mot concret, *pauvreté* est un mot abstrait).
Absurde 46
Action 64
Adjuvant 64
Adverbe modalisateur 29
Affectivité : capacité à éprouver des sentiments, sensibilité.
Alinéa : retrait au début d'un paragraphe.
Allitération : répétition de consonnes dans une suite de mots rapprochés. Une assonance est une répétition de voyelles.
Analogie : ressemblance établie par l'imagination entre deux objets (correspondance, lien, rapport).
Anecdote : récit d'un fait souvent court et pittoresque.
Anticipation 67
Antiphrase 46
Antithèse 46
Antonyme : contraire du synonyme.
Appréciatif (lexique) 29
Argument 100
Argumentatif (type de texte) 35
Auteur : personne réelle qui écrit un livre.

C

Cadre : décor d'un récit (principalement temps et lieu).
Caractérisation : fait de caractériser.
Caractériser : indiquer avec précision les éléments essentiels d'un personnage, d'un lieu, d'une atmosphère...
Caractéristique : ce qui constitue un élément particulier, distinctif d'une chose ou d'une personne.
Caricature 46
Champ lexical 9
Champ sémantique : établir un champ sémantique, c'est faire la liste des différents sens d'un même mot.
Chronologie 64
Chute 78
Circonstance : particularité qui accompagne un fait (temps, lieu, cause, but...)
Citation 93
Cliché 39
Commentaire 71
Comparaison 39
Comparant 39
Comparé 39
Conclusion 126
Conclusion partielle d'un paragraphe d'argumentation 114
Concret : qui exprime quelque chose de matériel, de sensible (*pain* est un mot concret, *alimentation* est un mot abstrait).
Concrétisation : fait de rendre concret, perceptible par les sens.
Connecteur : mot qui permet de créer des liens entre des faits ou des idées (temporel 54, chronologique 73, logique 105).
Connotation : sens particulier (péjoratif, ironique) que prend un mot ou un ensemble de mots en fonction d'un contexte.
Consigne (d'un sujet d'argumentation) 93
Contexte : ensemble des circonstances dans lesquelles se produit un fait.
Cynique : provoquant, avec la volonté de choquer.

D

Destinataire 31
Destinateur : personnage qui donne une mission.
Dialogue : entretien entre deux ou plusieurs personnes.
Discours (et récit) 35
Discours (direct, indirect, indirect libre) 71
Disposition typographique : manière dont un texte est mis en page.
Dramatisation : fait de présenter quelque chose sous un aspect dramatique ou tragique.
Dramaturge : écrivain de théâtre.

E

Effet de style : impression créée par l'emploi de certaines techniques d'écriture.
Émotion 22
Énonciation : situation de communication dans laquelle est produit tout énoncé : un locuteur (qui émet un message) s'adresse à un destinataire (qui reçoit le message). Cette situation d'énonciation peut être plus ou moins apparente dans un énoncé (beaucoup plus visible dans un discours que dans un texte informatif).
Épopée : récit qui raconte les exploits d'un héros et contenant du merveilleux, une exagération et une portée symbolique.
Exemple 107
Explicite : qui est clairement exprimé.

F

Fait 100
Figure de style : moyen qui permet d'animer ou d'orner le discours (images, procédés stylistiques).
Fonction du texte littéraire : le texte littéraire a une fonction expressive (exprimer des émotions) et une fonction poétique (créer une émotion esthétique).

H

Héroï-comique 18
Héros 64
Humour 46
Hyperbole : figure de style qui met en relief une idée au moyen d'une expression qui la dépasse (exagération). Son contraire est la litote.

I

Image : figure de style qui évoque la réalité (comparaison, métaphore, symbole).
Implicite 54
Impression 22
Informatif (type de texte) 35
Injonctif (type de texte) 35
Introduction 126
Ironie 46

L

Lexical (champ) 9
Lexique : ensemble des mots d'une langue (vocabulaire) ; recueil des mots employés dans un ouvrage.
Liens logiques 124
Locuteur : celui qui émet un message.
Logique d'un texte 114
Lyrique : qui exprime des sentiments intimes et des émotions.

M

Marques de l'énonciation : éléments (pronom personnel, indication d'espace et de temps, vocabulaire appréciatif, adverbe modalisateur) suggérant la subjectivité d'un discours.
Marques personnelles 29
Marques temporelles et spatiales 29
Mélioratif (lexique) 29
Métaphore 39
Métaphore filée 39
Mètre : nombre de syllabes qui permet d'identifier un vers (un alexandrin a douze syllabes).
Modalisateur (adverbe) 29
Mode verbal 35

N

O

P

Q

R

S

T

Index des auteurs

Cet index renvoie aux auteurs des textes faisant l'objet d'analyses et d'exercices. Les chiffres en gras signalent les textes proposés en « Lire et Observer ».

Achevé d'imprimer sur les presses de
MAME Imprimeurs, à Tours (N°01052272)
Dépôt légal n°19049 Juin 2001